ビジネス会計

検定試験 第5版

対策問題集

ビジネスアカウンティング研究会 [編]

3級

同文舘出版

はしがき

　会計の知識は、企業の経営者や経理部門のスタッフでなくても、取引先の業績把握や所属部門の業績管理、投資の評価などさまざまなビジネスの場面で必要とされ、また日常生活においても経済情報をより深く理解する上で不可欠なものです。ビジネスパーソンにとって、今や、会計リテラシー（財務諸表を理解する力）は基礎的なビジネススキルの一つであり、その必要性は高まっています。

　ビジネス会計検定試験®は、そのようなニーズに対応し、ビジネスパーソンをはじめ、学生などの一般の人が正しい会計知識・分析能力を習得できるよう企画・開発された検定試験です。財務諸表作成者の能力を問う簿記検定試験とは異なり、この検定試験では財務諸表を利用する立場からの会計数値への理解や的確な分析力が問われます。経理部門以外の部門に勤務するビジネスパーソンにとっては、財務諸表を作成する簿記的な知識・能力よりもむしろ、財務諸表の読み手としての知識・能力が実際には役立つからです。

　本書は、このビジネス会計検定試験®3級の対策問題集として企画・編集されたものです。第5版の刊行にあたっては、最新の会計基準に準拠するとともに、近年の検定試験の出題傾向を分析し、効率的に学習を進めることができるよう多くの問題を見直しました。

　全体としては、第1章　総論、第2章　貸借対照表、第3章　損益計算書、第4章　キャッシュ・フロー計算書、第5章　財務諸表分析と、ビジネス会計検定試験3級の出題範囲に対応した構成としています。また、検定試験では個別論点に加えて総合問題も出題されるため、第6章は、検定試験と同様の出題形式で、第1章から第5章の内容を総合的に問う問題としました。

　ビジネス会計検定試験®はマークシート形式で出題されますが、2時間の制限時間内で50問前後の問に解答する必要があり、かなりの解答スピードが要求されます。したがって、この試験で合格点を取るためには基礎となる会計知識の習得はもとより、出題形式への慣れや計算・問題処理能力の迅速化が必須となります。

　本書は、総合問題を含む設問について実際に解答していくことにより、検

定試験の出題形式に慣れ親しむとともに、検定試験において高得点を狙える
だけの計算能力・問題処理能力を習得できるように工夫しています。

　また、各設問の解説欄には、解答方法のみならず、必要に応じて、その出
題内容に関連して知っておくべき会計知識も併記し、本書の問題を解きその
解説を読むことで、他の参考書を参照しなくとも、財務会計一般の知識が身
につくように記述しています。この結果、本書は単に検定試験の対策のため
だけではなく、財務会計の一般知識習得のための参考書としても活用できる
ものになったと考えております。初学者の方は問題順に、経験者の方は標題
をみながらマスターしたい問題を選んで、解いていただければと思います。

　本書によって、利用者の会計リテラシーの向上に少しでも寄与すること
できるのであれば、執筆者一同にとっては望外の喜びです。また今回の改訂
に際しても、受験生など多くの方から貴重な意見をいただき、参考にさせて
いただきました。ここに謝意を表します。

　2023年 8 月

執筆者一同

CONTENTS

ビジネス会計検定試験®対策問題集3級

はしがき

●第1章●

総　論

●第2章●

貸借対照表

●第3章●

損益計算書

キャッシュ・フロー計算書

財務諸表分析

●第6章●

総合問題

学習するまえに…

　企業の活動から報告書類である財務諸表ができあがる過程の概要を簡潔に説明すると次のようになる。

　企業は、日々の活動を行うことにより、企業の内外でお金や商品が増えたり減ったりする。商品の売買を行う活動や、サービス提供したり提供を受けたりする活動をしている。このような活動により、お金や物財がどれくらい残っているか、また受けた注文に対していつまでにどれくらいのことをしなければならないかなどをつかんでおく必要がある。例えば請求額に対して支払うだけのお金があるか、注文に応えられるだけの商品在庫があるのかなどの情報が必要となり、これらのさまざまな企業活動による変化を写し出して情報として明らかにするのが会計といえる。

　企業による活動を写し出すものが会計であるが、その情報を知る仕組みは次のようになる。企業は毎日の活動を各帳簿に記入し、あるいはコンピュータシステムの画面に入力し、その結果を一定の期間ごとに一覧表にまとめ、さまざまな関係者に報告し利用できる形で情報を明らかにすることが求められる。この一覧表のことを決算書あるいは財務諸表といっている。日々の活動の結果、どのくらいの売上があり、どのくらい儲かったかということを経営成績といい、この一定期間の経営成績を示すものを損益計算書といっている。一方、商品在庫や支払義務などの状況は財政状態といい、ある一時点での財政状態を示すものを貸借対照表といっている。また、一定期間のお金の出し入れを明らかにするキャッシュ・フロー計算書も重要な財務諸表の１つになっている。以上のように、損益計算書、貸借対照表、キャッシュ・フロー計算書の３つが代表的な決算書といえる。決算書を作成していく過程は、いまではほとんどコンピュータにより自動化されているといってもよい。

　これらの仕組みを通じてさまざまな関係者に企業の内容を報告することが可能となる。また、これらの決算書は企業外部の関係者に対して正しい情報を公表するという点から、法律や規則によって、決算書の作成表示方法を定め、株主や投資家などをはじめとする企業外部の関係者に対しルールに基づいた開示を義務づけている。

第 1 章

総 論

要 約

　企業会計は、会計情報を用いて企業の財政状態、経営成績、キャッシュ・フローの状況などの財務情報を適切に表示することを目的としている。

　会計情報が適切に開示されなかった場合、その利用者は適切に企業の状況を把握することはできない。会計情報が適切に開示された場合、会計情報を通じて企業の状況を読み取ることができる。ここでは企業会計の目的、企業会計制度によって開示される情報の種類とその利用者について理解する。

　正しい会計情報が開示されるための開示制度には会社法、金融商品取引法が用意されている。企業の状況を把握するために利用できる情報が、どのような財務書類として入手できるのかを知ることが、財務情報である財務諸表を利用していくための第一歩である。

　企業会計制度および開示書類を作成するためのルールである会計基準は、利用する者が有効に活用できるように定められるため、会計情報を利用する者は、現在の会計制度、会計基準がどのようになっているかを理解することが望まれる。

　特に近年企業を取り巻く環境の変化や国際化に対応するため会計基準は頻繁に改正されてきており、また今後も続いていくと考えられ、開示情報から企業の状況を把握するには注意が必要である。

要 点

①会計制度の目的　　　　　　　　③会計情報と適用会社
②財務諸表の体系

会計制度の目的

次の文章の空欄(ア)と(イ)に当てはまる語句の適切な組み合わせを選びなさい。

金融商品取引法は主に(ア)の保護を目的としている。一方、会社法は主に(イ)の保護を目的としており、それぞれ決算書の公開を義務付けている。

① (ア)ディスクロージャー　　　(イ)株主・債権者
② (ア)投資者　　　　　　　　(イ)株主・債権者
③ (ア)ディスクロージャー　　　(イ)ステークホルダー
④ (ア)投資者　　　　　　　　(イ)ステークホルダー

解説

　金融商品取引法は主に投資者の保護を目的としており、財務諸表の公開を義務付けている。一方、会社法は主に株主・債権者の保護を目的としており計算書類の公開を義務付けている。ディスクロージャーとは、企業の情報・企業内容の開示のことで、種々の決算書などがあり、適用される法律により異なる。また、ステークホルダーとは、企業を取り巻くさまざまな利害関係者であり、株主・債権者、投資者の他に金融機関、取引先、従業員、地域住民、自治体など多様である。

② 答解

問題 2 財務諸表の体系

次の項目のうち、会社法上の財務諸表に含まれないものの個数を選びなさい。

貸借対照表　株主資本等変動計算書　キャッシュ・フロー計算書
附属明細表　損益計算書

① 1つ　② 2つ　③ 3つ　④ 4つ　⑤ 5つ

解説

　会社法と金融商品取引法に共通するものは、貸借対照表、損益計算書、株主資本等変動計算書であり、残りはどちらかの書類である。

　整理すると、金融商品取引法では、財務諸表として、貸借対照表、損益計算書、株主資本等変動計算書、キャッシュ・フロー計算書があり、さらに附属明細表を加えたものを「財務書類」という。一方会社法では、「計算書類」として貸借対照表、損益計算書、株主資本等変動計算書、個別注記表の4つが求められ、金融商品取引法と異なる点として、キャッシュ・フロー計算書ではなく個別注記表が求められる。また、これらに附属明細書を加えたものを「計算書類等」という。計算書類や財務諸表は決算書ともいわれ体系を示すと以下のようになる。

金融商品取引法上の決算書の体系	会社法上の決算書の体系
貸借対照表	貸借対照表
損益計算書	損益計算書
株主資本等変動計算書	株主資本等変動計算書
キャッシュ・フロー計算書	個別注記表
附属明細表	附属明細書

　よって会社法上の財務諸表に含まれないものは、キャッシュ・フロー計算書と附属明細表の2つである。

次の文章について、正誤の組み合わせとして正しいものを選びなさい。

> (ア)　企業情報を開示することをディスクロージャーというが、情報の利用者には国や地方自治体も含まれる。
>
> (イ)　会社法と金融商品取引法では適用される会社に違いがある。

① (ア)正　(イ)正
② (ア)正　(イ)誤
③ (ア)誤　(イ)正
④ (ア)誤　(イ)誤

解説

(ア)　企業の会計情報を開示することをディスクロージャーといい、企業のさまざまな利害関係者に情報を提供し、また経営者は経営上の種々の判断のために利用し、株主は投資を継続するかなどの判断のために利用する。なお、株主は投資者に含まれる。

　　情報が提供される企業のさまざまな利害関係者には、国や地方自治体も含まれ、企業の会計情報に基づいて、税金の徴収や料金規制を行っている。また、金融機関は融資を実行するかどうかの判断のために利用し、融資後は回収可能性の検討も行う。

(イ)　企業の会計に関する法制度には、会社法と金融商品取引法の二制度がある。会社法と金融商品取引法では対象となる利害関係者や立法の趣旨には若干の差がある。会社法は事業を行うすべての会社に適用され、資金の出し手（株主・債権者）に対して、資金の受け手（経営者）が、資金の運用状況や結果を報告する仕組みになっている。金融商品取引法は、有価証券を発行して金融商品取引所を通じて、資本市場から資金を調達し、資本市場に有価証券が流通している会社に適用され、株式や債券の売買を通じて会社に投資する投資者が的確な投資判断を行うために情報開示する。

　　よってともに正しい。

第2章

貸借対照表

要 約

　企業の開示情報である財務諸表の１つである貸借対照表について学習する。貸借対照表は、企業の一定時点における財政状態を表示する重要な財務書類として位置付けられる。貸借対照表では資金の調達源泉が負債・純資産として、資金の運用形態が、資産として表示され、資金の調達がどのように行われているのか、調達した資金がどのように運用されているのかが示されている。

　各勘定科目が意味するものを理解するとともに、貸借対照表の構造・表示のルールを理解し、資金がどのような形で調達され、どのくらいの期間（長期間、短期間）でどのように運用されているのかを読めるようになることが分析を行うために重要となる。

要 点

①貸借対照表総論
②貸借対照表の構造・様式
③貸借対照表の表示のルール
④資産と負債・純資産の区分表示
⑤資産の意義と分類

⑥有価証券の分類と表示
⑦負債の意義と分類
⑧引当金の計上要件
⑨純資産の意義と分類

貸借対照表総論

次の文章の空欄(ア)と(イ)に当てはまる語句の適切な組み合わせを選びなさい。

> 貸借対照表（勘定式）は、右側に一定時点において企業がその活動に利用している資金の(ア)と左側にその(イ)を対照表示した、企業の財政状態を示す計算書である。

① (ア)運用形態　(イ)調達源泉
② (ア)調達源泉　(イ)運用形態
③ (ア)調達源泉　(イ)負債と純資産
④ (ア)運用形態　(イ)資産

解説

貸借対照表とはバランスシートともいい、継続的な活動を行っている企業のある一定時点の財政状態を明らかにするために作成される財務諸表である。貸借対照表は、通常左側に資産、右側には負債と純資産に分けて記載し、左右の合計金額が同じになる。ただし期間での動きとは関係なく一時点の状態が示されている。資産とは企業が調達した資金をどのようなものに使って企業運営しているか、資金の運用形態すなわち使い道を示している。一方、負債と純資産はともに企業活動のもととなる資金をどのように入手したかその調達源泉を示している。貸借対照表は、言い換えれば企業の外部から調達してきたお金がどのように使われているかを示していることになる。

一方、報告式は資産、負債、純資産の順に配列する方式で、期間の数値を複数並列して表示することができる。

問題文に適切な語句を入れると以下のようになる。

貸借対照表（勘定式）は、右側に一定時点において企業がその活動に利用している資金の（ア　調達源泉）と左側にその（イ　運用形態）を対照表示した、企業の財政状態を示す計算書である。

問題 5 貸借対照表の構造

次の図は一般的な貸借対照表の構造を示している。(ア)から(セ)に当てはまる語句を選びなさい。

貸借対照表

(ア)		(キ)	(ク)
			(ケ)
(イ)	(ウ)	(コ)	(サ)
	(エ)		(シ)
	(オ)		(ス)
(カ)			(セ)

① 株主資本　　② 無形固定資産　　③ 投資その他の資産　　④ 流動資産
⑤ 新株予約権　　⑥ 流動負債　　⑦ 評価・換算差額等　　⑧ 純資産
⑨ 固定資産　　⑩ 固定負債　　⑪ 有形固定資産　　⑫ 繰延資産
⑬ 負債　　⑭ 株式引受権

解説

勘定式の貸借対照表は資産を左側に、負債と純資産を右側に対照表示したものである。

貸借対照表

流動資産		負債	流動負債
			固定負債
固定資産	有形固定資産	純資産	株主資本
	無形固定資産		評価・換算差額等
	投資その他の資産		株式引受権
繰延資産			新株予約権

⑤(ア) ⑨(イ) ⑪(ウ) ①(エ) ⑧(コ) ⑩(キ) ⑨(ケ) ⑬(キ) ②(オ) ③(カ) ②(エ) ⑪(ウ) ⑥(シ) ④(ア) 答解

貸借対照表の様式

次の文章について、正誤の組み合わせとして正しいものを選びなさい。

> (ア) 貸借対照表の様式には勘定式と報告式の２種類がある。
> (イ) 勘定式の貸借対照表は、左側に資産、右側に負債、純資産を表示する方法である。

① (ア)正 (イ)正 　② (ア)正 (イ)誤 　③ (ア)誤 (イ)正 　④ (ア)誤 (イ)誤

解説

(ア)(イ)ともに正しい。

なお、貸借対照表のひな型（勘定式）は次のようになる。

第△期　貸借対照表
（令和Ｘ年３月31日現在）　　　　　　　　　　　　（単位：百万円）

（資産の部）		（負債の部）	
流動資産	6,756	流動負債	5,038
現金及び預金	1,009	支払手形	338
受取手形	542	電子記録債務	950
電子記録債権	1,005	買掛金	709
売掛金	1,392	契約負債	650
契約資産	695	短期借入金	2,180
棚卸資産	2,129	未払法人税等	82
前払費用	186	未払費用	129
貸倒引当金	△202	固定負債	1,388
固定資産	1,160	社債	500
有形固定資産	928	長期借入金	561
建物	383	退職給付引当金	327
工具、器具及び備品	358	負債合計	6,426
土地	187	（純資産の部）	
無形固定資産	5	株主資本	1,679
投資その他の資産	227	資本金	490
投資有価証券	141	資本剰余金	185
長期貸付金	30	利益剰余金	1,019
長期前払費用	20	自己株式	△15
繰延税金資産	54	評価・換算差額等	60
貸倒引当金	△18	新株予約権	15
繰延資産	264	純資産合計	1,754
資産合計	8,180	負債・純資産合計	8,180

なお△はマイナスを意味する。

解答 ①

貸借対照表の区分表示

問題 **7**

(ア)と(イ)が説明している項目の適切な組み合わせを選びなさい。

(ア)　資産・負債および純資産は原則として総額によって表示する。

(イ)　決算日の翌日から起算して1年以内に履行期日の到来する債権及び債務については、流動資産ないし流動負債とし、それ以外は固定資産ないし固定負債として表示する。

---

① (ア)重要性の原則　　　　(イ)正常営業循環基準
② (ア)総額主義の原則　　　(イ)正常営業循環基準
③ (ア)重要性の原則　　　　(イ)ワンイヤー・ルール
④ (ア)総額主義の原則　　　(イ)ワンイヤー・ルール

解説

　貸借対照表では、資産の部は流動資産、固定資産、繰延資産に区分表示され、負債の部は流動負債、固定負債に区分表示される。各項目説明すると次のようになる。

(ア)　貸借対照表上、その項目の性質や金額について重要性が乏しい場合は簡潔に示すことが認められている原則を重要性の原則という。貸付金と借入金を相殺消去すると実際の債権・債務の存在がわからなくなるため、総額によって表示することが原則であり、総額主義の原則という。よって(ア)。

　正常営業循環基準は、仕入→製造→販売に至る営業の循環を1つのサイクルと考え、このサイクルの過程にある項目を流動資産ないし流動負債とする基準をいう。

(イ)　ワンイヤー・ルールは、決算日の翌日から起算して1年以内に履行期日の到来する債権及び債務については、流動資産ないし流動負債とし、それ以外は固定資産ないし固定負債とする基準をいう。よって(イ)。

　貸借対照表の資産と負債を流動と固定に分類する際には、まず正常営業循環基準が優先して適用される。この基準で分類されなかった項目についてワンイヤー・ルールを適用し、1年以内に履行期日の到来するものは流動に分類される。

④　答解

貸借対照表の表示方法

次の文章について、正誤の組み合わせとして正しいものを選びなさい。

(ア) 流動性配列法とは、流動資産と固定資産、流動負債と固定負債のそれぞれの項目について固定性の低い順、すなわち、資産の場合は換金能力の高い順、負債の場合は返済期日の早い順に配列する方法である。

(イ) 資産および負債の表示に関して、同一先に対する借入金と貸付金は相殺して表示することが認められる。

① (ア)正　(イ)正
② (ア)正　(イ)誤
③ (ア)誤　(イ)正
④ (ア)誤　(イ)誤

解説

(ア) 正しい。

(イ) 資産・負債および純資産は総額で表示することが原則（総額主義の原則）である。よって誤り。

　総額主義の原則とは、資産の項目と負債の項目または純資産の項目を相殺することによって、その全額または一部を貸借対照表から除外してはならないとする原則をいう。

　これに対して、資産の項目と負債の項目または純資産の項目を相殺して表示する考え方を純額主義の原則という。資産・負債および純資産は総額で表示することが原則であるため、同一先に対する借入金と貸付金であっても相殺して表示するという純額主義の考え方は認められていない。

　また、貸借対照表の各項目の配列方法は、流動性配列法と固定性配列法とがある。流動性配列法とは、固定資産より流動資産、固定負債より流動負債を先に記載する方法をいい、固定性配列法とは流動資産より固定資産、流動負債より固定負債を先に記載する方法をいう。

解答　②

問題 9 貸借対照表の内容

次の文章のうち、正しいものの個数を選びなさい。

> (ア) 資産とは、企業が財貨またはサービスを提供する義務で、その金額を貨幣額で示すことができるものをいう。
>
> (イ) 貸借対照表上、その項目の性質や金額について重要性が乏しい場合には簡潔に示す必要がある。
>
> (ウ) 貸借対照表（勘定式）の右側には資金の調達源泉である負債と純資産が、左側にはその資金の運用形態である資産が示されている。
>
> (エ) 貸借対照表では左右の合計が等しくなっており、必ず資産合計＝負債合計＋純資産合計となる。

① 1つ
② 2つ
③ 3つ
④ 4つ

解説

(ア) 資産とは、将来において企業に経済的利益をもたらすと期待されるもので、貨幣額で示すことが可能なものをいう。問題文の説明は、負債の説明である。よって誤り。

　なお、資産の部は、流動資産、固定資産、繰延資産に区分表示される。流動資産とは、正常営業循環過程にある資産と、それ以外の資産で決算日の翌日から起算して1年以内に現金化できる資産をいう。固定資産とは、正常営業循環過程にない資産で、決算日の翌日から起算して1年を超えて利用するために保有する資産をいう。

(イ) 重要性の原則が適用されて簡潔に示すことができる。よって誤り。

(ウ) 正しい。なお、負債はいずれ返済が必要なもので、他人資本とも呼ばれ、一方で純資産は原則として返済する必要がなく、自己資本とも呼ばれる。

(エ) 正しい。貸借対照表では左右の合計が等しくなっており、必ず資産合計＝負債合計＋純資産合計となる。

② 答解

10 資産の評価

次の文章の空欄(ア)と(イ)に当てはまる語句の適切な組み合わせを選びなさい。

> 取得原価とは資産の取得のために支出した金額である。例えば、製品などを製造した場合、適正な原価計算基準に従って計算された製造原価がその取得原価となり、資産を購入した場合、(ア)に(イ)を加えた金額が取得原価となる。

① (ア)現金支出額　(イ)購入価額
② (ア)購入価額　(イ)現金支出額
③ (ア)購入価額　(イ)付随費用
④ (ア)現金支出額　(イ)付随費用

解説

問題文に適切な語句を入れると以下のようになる。

取得原価とは資産の取得のために支出した金額である。例えば、製品などを製造した場合、適正な原価計算基準に従って計算された製造原価がその取得原価となり、資産を購入した場合、(ア 購入価額)に(イ 付随費用)を加えた金額が取得原価となる。

購入価額＋付随費用＝現金支出額となる。また、付随費用は買入手数料、引取費用、関税など購入に関してかかった金額をいう。

取得原価とは資産の取得のために支出した金額である。したがって客観的で信頼性が高いという長所がある。しかし、その金額は過去の取引の結果であって時の経過につれて資産価額が現在の実態からかけ離れてしまう短所がある。例えば、土地を5千万円で買った場合、その後にその土地の価額が8千万円になっていても、貸借対照表上は5千万円で表示される。

解答　③

問題 11 資産の時価

資産の時価の説明に関する次の文章のうち、正しいものの個数を選びなさい。

> ア．時価とは、期末時点での資産の評価額であり、例えば市場価格のことをいう。
> イ．時価は、期末時点の最新の価格を資産に反映できるという長所がある。
> ウ．時価は、市場価格を利用するためどの資産に対しても客観性の高い評価となるが、利益が実現するわけではない。
> エ．時価を原則的な評価方法とするものに、売買を目的とした有価証券がある。

① 1つ
② 2つ
③ 3つ
④ 4つ

解説

正しいものはア、イ、エである。

ウについては、時価は、現実に取引をしたわけではない市場価格などを利用するため客観性に欠け、取得時より時価が上昇した場合は資金的な裏付けに欠けるため、未実現の評価益が計上されてしまうことになる。

一方、売買を目的とした有価証券は、余剰資金を運用するものであり、売買を繰り返すこと（トレーディング）を目的とし、その売却は容易で、期末時点の時価で売買可能と考えられるので、時価で評価することが適切と考えられる。

	取得原価	時価
内　容	資産の取得のために支出した金額	期末時点での資産の評価額
長　所	客観的で信頼性が高い	期末時点の最新の価格を反映できる
短　所	時が経過するにつれて、実態からかけ離れる可能性がある	客観性に欠ける未実現利益が計上される可能性がある

時価とは、算定日において市場参加者間で秩序ある取引が行われると想定した場合の、当該取引における資産の売却によって受け取る価格又は負債の移転のために支払う価格をいう（企業会計基準第30号 時価の算定に関する会計基準）。

Ⓒ 昱織

12 資産の概念①

次の資料により、資産に該当する項目の合計額を計算し、正しい数値を選びなさい。
（金額単位：省略）

有価証券 100　預り金 20　社債 120　売掛金 30　長期借入金 50

電子記録債権 20　支払手形 90　現金及び預金 50　前受収益 10　未収入金 30

新株予約権 40　棚卸資産 70

---

① 280

② 300

③ 310

④ 330

⑤ 350

解説

問題文の資料の項目を分類すると以下のようになる。

資産…有価証券、売掛金、電子記録債権、現金及び預金、未収入金、棚卸資産

負債…預り金、社債、長期借入金、支払手形、前受収益

純資産…新株予約権

資産に該当する項目の合計額は、

有価証券(100)＋売掛金(30)＋電子記録債権(20)＋現金及び預金(50)＋未収入金(30)＋棚卸資産(70)＝300となる。

なお、電子記録債権とは、商品などを販売した者が、電子記録機関に債権を電子記録するように請求（発生記録の請求）をすることによって生じる債権をいう。

問題 13 資産の概念②

次の文章について、正誤の組み合わせとして正しいものを選びなさい。

(ア) 流動資産と固定資産に分類するためにはまずワンイヤー・ルールが適用される。

(イ) 同じ資産であれば、たとえ使用目的が異なっても表示科目は同一区分となる。

---

① (ア)正 (イ)正
② (ア)正 (イ)誤
③ (ア)誤 (イ)正
④ (ア)誤 (イ)誤

解説

各選択肢を説明すると以下のようになる。

(ア) 流動資産と固定資産に分類するためにはまず正常営業循環基準を適用し、それ以外のものにワンイヤー・ルールが適用される。よって誤り。

(イ) 土地の例のように同じ資産でも使用目的によって表示科目が異なることがある。よって誤り。

会計上、資産は、その使用目的から販売用資産・事業用資産・投資用資産の大きく3つに分類される。

例えば、土地といってもさまざまな使い道があるが、本社ビルや工場のための土地（事業用）は一般的にいう有形固定資産になり、また宅地造成が完成して販売にかかっている土地（販売を業とすれば販売用）はいわゆる販売対象の商品であるので棚卸資産となる。リゾート開発等をして賃料を収受するための貸付用の土地（投資用）は、投資その他の資産となる。

なお、ワンイヤー・ルールは、決算日の翌日から起算して1年以内に履行期日（予定された受取りあるいは支払いの日）の到来する債権および債務については流動資産ないし流動負債とし、それ以外は固定資産ないし固定負債に分類する基準である。

④ 解答

次の文章について、正誤の組み合わせとして正しいものを選びなさい。

> (ア) 金融資産は、原則として取得原価で評価され、事業用資産は、原則として時価で評価される。
> (イ) 決算日の翌日から起算して保有予定が1年以内になったものでも固定資産として表示されることがある。

① (ア)正 (イ)正
② (ア)正 (イ)誤
③ (ア)誤 (イ)正
④ (ア)誤 (イ)誤

解説

各選択肢を説明すると以下のようになる。

(ア) 原則的な評価基準は以下の表のとおりである。よって誤り。

資産の種類	資産の性質	原則的評価基準
事業用資産	製造・販売など、本来の企業活動に利用される資産	取得原価
金融資産	他の企業から現金等を受け取る権利や他の企業の株式などの将来の支払手段として待機中の資産など	時価

取得原価には、客観的で信頼性が高いという長所があり、時価には期末時点の最新の資産の価格を反映できるという長所がある。

(イ) 固定資産とは正常営業循環過程にない資産で決算日の翌日から起算して1年を超えて保有予定の資産をいう。ただし、重要性の原則により保有予定が1年以内になったものでも固定資産として表示されることがある。よって正しい。

15 貸倒引当金の意味

次の文章の空欄(ア)と(イ)に当てはまる語句の適切な組み合わせを選びなさい。

> 売掛金などの債権はその一部が回収不能になる場合があり、これを(ア)という。このような可能性を決算時点において過去の実績等に基づいて見積った見積額を(イ)という。

① (ア)貸倒れ　　　(イ)貸倒損失
② (ア)貸倒引当金　(イ)貸倒損失
③ (ア)貸倒れ　　　(イ)貸倒引当金
④ (ア)貸倒損失　　(イ)貸倒引当金

解説

貸倒れとは売掛金等の債権が倒産等により回収不能になることをいう。

当期末の債権が次期以降に貸倒れとなり回収できなかった金額が損失となり費用が発生する場合がある。そこであらかじめ次期以降における貸倒れが過去の実績等に基づき予測可能な場合、当期末に金額を見積り、当期の費用として計上する。費用の見積額を計上するときは貸倒引当金繰入額として処理をする。貸倒れにより減少すると予測される債権に対し、実際には貸倒れが発生したわけではないので貸借対照表上は貸倒引当金として処理をする。この引当金は売掛金等の債権からの控除額を示す評価勘定を意味している。債権の計上金額のうち貸倒引当金を控除した差額がその債権の実質的な価値であるということができる。

問題文に適切な語句を入れると以下のようになる。

売掛金などの債権はその一部が回収不能になる場合があり、これを（ア　貸倒れ）という。このような可能性を決算時点において過去の実績等に基づいて見積った見積額を（イ　貸倒引当金）という。

③ 答案

貸倒引当金の表示

次の文章について、正誤の組み合わせとして正しいものを選びなさい。

(ア)　売上債権にかかる貸倒引当金は、次期以降の貸倒れに対する引当金のため、固定負債の区分に表示される。

(イ)　貸借対照表において、売掛金は貸倒引当金を控除後の金額で表示することはできない。

---

① (ア)正　(イ)正
② (ア)正　(イ)誤
③ (ア)誤　(イ)正
④ (ア)誤　(イ)誤

解説

誤っている選択肢を説明すると以下のようになる。

(ア)　売上債権にかかる貸倒引当金は、売掛金から控除する形式で流動資産の部に表示される。よって誤り。

(イ)　売掛金を貸倒引当金控除後の金額で表示し、注記する方法も認められる。よって誤り。

なお、貸倒引当金の表示方法を整理すると、以下のとおりとなる。

表示方法1　売掛金から控除する方法

　売掛金　　　　　　150
　　貸倒引当金　　　 10　　140

表示方法2　売掛金を貸倒引当金控除後の金額で表示し、注記する方法

　売掛金　　　　　　　　　140
　注記：売掛金140は貸倒引当金10を控除した金額である。

問題 17 有価証券の区分表示

次の文章のうち、誤っているものの個数を選びなさい。

> ア．売買目的有価証券は値上がりによる利益を得ようとして保有している市場性のある有価証券である。
>
> イ．満期保有目的の債券は満期まで保有することを意図した社債等でありすべて固定資産に分類される。
>
> ウ．子会社株式は会社の意思決定機関を事実上支配していると認められる会社に対する株式であり固定資産に分類される。
>
> エ．売買目的有価証券で決算日の翌日から1年を超えて売却する見込みのものは固定資産に分類される。
>
> オ．売買目的有価証券、満期保有目的の債券、子会社・関連会社株式以外の有価証券で市場性のあるものは固定資産に分類される。

① 1つ ② 2つ ③ 3つ ④ 4つ ⑤ 5つ

解説

有価証券は保有目的に応じて以下のように会計上は4つに区分する。

区分・分類	保有目的	表示区分	評価
売買目的有価証券	時価の変動により利益を得ることを目的	流動資産	時価
満期保有目的の債券	企業が満期まで保有するとする社債その他の債券で約定利息や元本を受け取ることを目的	固定資産*	取得原価または償却原価
子会社株式及び関連会社株式	他企業への支配力・影響力の行使を目的	固定資産	取得原価
その他有価証券	上記以外の多様な目的、例えば業務上の関係を有する株式から市場動向によっては売却を想定する有価証券まで	固定資産*	時価

＊ただし、満期が決算日の翌日から起算して1年以内に到来するものについては流動資産

誤っている選択肢に説明を加えると以下のようになる。

イ．満期保有目的の債券は満期まで保有することを意図した社債等であり固定資産に分類される。ただし満期が決算日の翌日から起算して1年以内に到来するものについては流動資産である。

エ．売買目的有価証券は保有期間等にかかわらず流動資産に分類される。

よって、イ、エの2つが誤りである。

② 答解

有価証券の項目

次の資料により、流動資産に該当する項目の合計額を計算し、正しい数値を選びなさい。（金額単位：省略）

前提条件：決算日X1年3月31日　金額単位：省略

売買目的有価証券 400　子会社株式 120　関連会社株式 150

満期保有目的の債券 100（償還期日X1年12月31日）

満期保有目的の債券 50（償還期日X3年3月31日）

---

① 250

② 300

③ 450

④ 500

⑤ 700

解説

問題文の資料の項目を区分すると以下のようになる。

流動資産…売買目的有価証券、1年内満期到来の満期保有目的の債券

固定資産…1年内満期到来分を除く満期保有目的の債券、子会社株式、関連会社株式

よって、流動資産に該当する項目の合計額は、

　売買目的有価証券(400)＋償還期日がX1年12月31日の満期保有目的の債券(100)

　＝500

となる。流動資産として表示する場合の表示科目は、有価証券となる。

財務諸表の本体とは別の箇所に、財務諸表を理解するために必要と考えられる情報等を記載する注記がある。

例えば有価証券の評価基準及び評価方法については、次のような記載が行われる。

1．有価証券の評価基準及び評価方法

(1)子会社株式及び関連会社株式……移動平均法による原価法

(2)その他有価証券

　時価のあるもの……期末日の市場価格等に基づく時価法

　時価のないもの……移動平均法による原価法

---

④　答解

問題 19 流動資産の項目①

次の事項について、【問1】と【問2】の設問に答えなさい。

⑺ 一定の契約に従って、継続してサービスを提供した場合にその対価の支払い
 を受けていない額
⑷ 土地の売却など、会社の主たる営業活動以外の取引から生じた未収額
⑺ 得意先との通常の取引に基づいて生じた営業上の未収額
⒠ 一定の契約に従って、継続してサービスの提供を行う場合にその対価を先に
 受け取った金額
⑻ 購入代金を先払いしたときの金額
⑺ サービスを提供していない時点で前もって受け取った額

【問1】 ⑺と⑷の文章が説明している項目の適切な組み合わせを選びなさい。

① ⑺未収入金　　⑷未収収益
② ⑺前渡金　　　⑷未収入金
③ ⑺未収収益　　⑷未収入金
④ ⑺未収収益　　⑷前渡金

【問2】 ⑺から⑺のうち、流動資産に該当する項目の個数を選びなさい。

① 2つ　　② 3つ　　③ 4つ　　④ 5つ　　⑤6つ

解説

【問1】 未収収益は、一定の契約に従い、継続して役務の提供を行う場合、すでに提供し
　　　た役務に対していまだその対価の支払いを受けていないものをいう。よって⑺。
　　　未収入金（未収金ともいう）とは、企業の主たる営業活動以外の取引から生
　　　じた未収額をいう。よって⑷。
　　　　役務に対する対価は時間の経過に伴いすでに当期の収益として発生してい
　　　るものであるから、これを当期の損益計算に計上するとともに貸借対照表の
　　　資産の部に計上しなければならない。また、未収収益は、係る役務提供契約以
　　　外の契約等による未収金とは区別しなければならない（企業会計原則注解5）。

【問2】 流動資産項目は、⑺未収収益、⑷未収入金、⑺売掛金、⑻前渡金である。流
　　　動負債項目は、⒠前受収益、⑺前受金である。なお、商品などを販売したも
　　　のが、電子債権記録機関に債権を電子記録するように請求することにより生
　　　じる電子記録債権は流動資産項目として表示される。

解答　【問1】③　【問2】③

流動資産の項目②

次の資料により、流動資産に該当する項目の合計額を計算し、正しい数値を選びなさい。（金額単位：省略）

現金及び預金 250　棚卸資産 100　前払費用 70　機械及び装置 160
未払費用 60　未払金 10　土地 90　未収収益 20　短期貸付金 70　契約資産 60

① 260　　② 460　　③ 560　　④ 570　　⑤ 630

解説

流動資産として区分表示するものには以下のようなものがある。

現金及び預金、受取手形、売掛金、電子記録債権、契約資産、有価証券、棚卸資産（商品、製品、半製品、原材料、仕掛品、貯蔵品）、前渡金、前払費用等。

問題文の項目を区分すると以下のようになる。
流動資産…現金及び預金、棚卸資産、前払費用、未収収益、短期貸付金、契約資産
固定資産…機械及び装置、土地
流動負債…未払費用、未払金

流動資産に該当する項目の合計額は、

現金及び預金(250)＋棚卸資産(100)＋前払費用(70)＋未収収益(20)＋短期貸付金(70)＋契約資産(60)＝570となる。

なお、現金及び預金とは、通貨や、各種の預金・貯金及び掛金に限られず、金融機関などで発行されている通貨代用証券を含むことに留意する必要がある。

また、棚卸資産とは、製造・販売する目的で保有している財貨だけでなく事務用消耗品などの貯蔵品も含まれる点に留意する必要がある。

さらに、契約資産とは、顧客との契約に基づく財・サービスの提供の対価として、条件付きで当該顧客から支払いを受ける権利をいう。

解答　④

問題 21　経過勘定項目

次の文章の空欄㋐と㋑に当てはまる語句の適切な組み合わせを選びなさい。

> 　未収収益とは一定の契約に従って㋐してサービスの提供を行う場合の代金の㋑分である。

① ㋐継続　㋑前受
② ㋐分割　㋑前受
③ ㋐継続　㋑未収
④ ㋐分割　㋑未収

解説

　すべての費用及び収益は、その支出及び収入に基づいて計上し、その発生した期間に正しく割り当てられるように処理しなければならない。前払費用及び前受収益は、これを当期の損益計算から除去し、未払費用及び未収収益は、当期の損益計算に計上しなければならない。これらを総称して経過勘定項目という。

・前払費用は、一定の契約に従い、継続して役務の提供を受ける場合、いまだ提供されていない役務に対し支払われた対価をいう。

・前受収益は、　定の契約に従い、継続して役務の提供を行う場合、いまだ提供していない役務に対し支払いを受けた対価をいう。

・未払費用は、一定の契約に従い、継続して役務の提供を受ける場合、すでに提供された役務に対して、いまだその対価の支払いが終わっていないものをいう。

・未収収益は、一定の契約に従い、継続して役務の提供を行う場合、すでに提供した役務に対して、いまだその対価の支払いを受けていないものをいう。

　問題文に適切な語句を入れると以下のようになる。

　未収収益とは一定の契約に従って（ア　継続）してサービスの提供を行う場合の代金の（イ　未収）分である。

解答　③

有形固定資産の項目

次の資料により、有形固定資産に該当する項目の合計額を計算し、正しい数値を選びなさい。(金額単位：省略)

> 長期貸付金 200　社債 100　子会社株式 100　工具、器具及び備品 120
> ソフトウェア 150　建物 150　商標権 50　建設仮勘定 80　長期借入金 30
> 機械及び装置 50

① 200

② 300

③ 400

④ 450

⑤ 550

解説

有形固定資産として区分表示するものには以下のようなものがある。建物（その付属設備を含む）、構築物、機械及び装置（その付属設備を含む）、船舶（水上運搬具を含む）、車両運搬具、工具、器具及び備品、土地、リース資産、建設仮勘定等。

問題文の資産の項目を区分すると以下のようになる。

有形固定資産…建物、建設仮勘定、工具、器具及び備品、機械及び装置

無形固定資産…ソフトウェア、商標権

投資その他の資産…長期貸付金、子会社株式

固定負債…社債、長期借入金

よって有形固定資産に該当する項目の合計額は、

建物(150)＋建設仮勘定(80)＋工具、器具及び備品(120)＋機械及び装置(50)＝400

となる。

なお、工具、器具及び備品とは、各種の工作用工具、コンピュータ、コピー機、ショーケースなどで、耐用年数が1年以上、金額が一定以上のものをいう。

解答　③

問題 23 有形固定資産の表示

貸借対照表における以下の表示方法に関する文章の空欄(ア)から(ウ)に当てはまる数値を選びなさい。（金額単位：省略）

減価償却累計額の控除後の金額を表示し注記する形式では、以下のように表示される。

車両 400

注記：車両400は減価償却累計額200を控除した金額である

有形固定資産から控除する方法では、以下のように表示する。

車両 (ア)
　車両減価償却累計額　(イ)　(ウ)

---

① 200

② 400

③ 600

④ 800

解説

表示方法を整理して記載すると以下のようになる。

表示方法1　有形固定資産から控除する形式で示す方法
　車両　　　　　　　　　600
　　車両減価償却累計額　200　　400
表示方法2　減価償却累計額の控除後の金額で示し注記する方法
　車両　　　　　　　　　400
　注記：車両400は減価償却累計額200を控除した金額である。

よって解答は表示方法1による。

解答　(ア)③　(イ)①　(ウ)②

有形固定資産の価値の下落

次の文章について、正誤の組み合わせとして正しいものを選びなさい。

> (ア) 有形固定資産は、土地と建設仮勘定を除き、使用や時の経過などによってその価値は下落する。その価値の下落を減価という。
>
> (イ) あらかじめ定められた一定の方法に従って、有形固定資産の取得原価を利用期間にわたって計画的・規則的に各期間に費用として配分することを減価償却という。

① (ア)正　(イ)正
② (ア)正　(イ)誤
③ (ア)誤　(イ)正
④ (ア)誤　(イ)誤

解説

　土地と建設仮勘定を除く有形固定資産は使っていく、または時間が経過していくと、資産の価値は減少していく。これは人の目でみて、確かに傷んでいるとか古くなっているとかがわかる。有形固定資産は取得時の支出額で貸借対照表に計上するが、使っている場合そのままの価額で計上していると現在の価値とかけ離れてしまう。そこで決算時に価値の減少に見合う金額を見積って資産の価額から差し引いて費用とすることを減価償却といっている。決算時に取得原価のうち価値の減少分を、当該固定資産を使用する各期間に費用として計上する手続を減価償却という（企業会計原則貸借対照表原則5 Ⅱ）（原則注解20）。

　各選択肢を説明すると以下のようになる。

(ア)　有形固定資産は、土地と建設仮勘定を除き、使用や時の経過などによってその価値は下落する。その価値の下落を減価という。よって正しい。

(イ)　あらかじめ定められた一定の方法に従って、有形固定資産の取得原価を利用期間にわたって計画的・規則的に各期間に費用として配分することを減価償却という。よって正しい。

① 解答

減価償却

次の文章について、正誤の組み合わせとして正しいものを選びなさい。

> (ア)　減価償却の計算にあたっては、取得原価、耐用年数および残存価額の３つの
> 計算要素を利用する。
> (イ)　減価償却の計算に利用する耐用年数とは使用可能年数のことをいい、時価と
> は耐用年数到来時に予想されるその資産の処分可能価額のことをいう。

① (ア)正　(イ)正
② (ア)正　(イ)誤
③ (ア)誤　(イ)正
④ (ア)誤　(イ)誤

解説

各選択肢を説明すると以下のようになる。

(ア)　減価償却の計算にあたっては、取得原価、耐用年数および残存価額の３つの計
算要素を利用する。よって正しい。

(イ)　減価償却の計算に利用する耐用年数とは使用可能年数のことをいい、耐用年数
到来時に予想されるその資産の処分可能価額のことを残存価額という。よって誤
り。

　なお、減価償却方法の１つに定額法があり、定額法で減価償却費を計算する場合に
は、(取得原価−残存価額)÷耐用年数で算出される。定額法以外にも、初期の減価償
却費は大きく、次第に小さくなる定率法がある。

② 答解

無形固定資産の項目

次の資料により、無形固定資産の金額を計算し、正しい数値を選びなさい。（金額
単位：省略）

> 特許権 40　商標権 20　ソフトウェア 60　開業費 10　新株予約権 30

① 60
② 90
③ 120
④ 130
⑤ 160

解説

問題文の資料の項目を分類すると以下のようになる。

無形固定資産…特許権、商標権、ソフトウェア

繰延資産…開業費

純資産…新株予約権

無形固定資産に該当する項目の合計額は、特許権（40）＋商標権（20）＋ソフトウェア（60）＝120となる。

なお、特許権とは、自然法則を利用した技術的発明を独占的に使用する権利をいう。商標権とは、文字や図形からなる商品の商標を独占的に使用する権利をいう。

ソフトウェアとは、コンピュータを作動させるソフトウェアの制作に要した費用やバージョンアップ費用などをいう。

解答：③

問題 27　無形固定資産の内容

次の文章について、正誤の組み合わせとして正しいものを選びなさい。

(ア)　のれんとは、営業を譲り受けた際に、受け入れた純資産の金額が、支払った金額よりも上回る場合の、相手方の保有していた超過収益力のことをいう。

(イ)　無形固定資産の取得原価は、各会計期間に配分され費用化されるが、費用となった金額は無形固定資産から直接に控除する形式で示される。

① (ア)正　(イ)正
② (ア)正　(イ)誤
③ (ア)誤　(イ)正
④ (ア)誤　(イ)誤

解説

(ア)　のれんとは、営業を譲り受けた際に、受け入れた純資産の金額が、相手方へ支払った金額よりも下回る場合の、相手方が保有していた超過収益力に対する対価のことをいう。よって誤り。

(イ)　無形固定資産は、費用となった金額（償却）は取得原価から直接控除され、その残高のみが表示される。よって正しい。

なお、無形固定資産として区分表示するものには以下のようなものがある。のれん、特許権、借地権（地上権を含む）、商標権、実用新案権、意匠権、鉱業権、漁業権（入漁権を含む）、ソフトウェア等である。

③　解答

次の文章について、正誤の組み合わせとして正しいものを選びなさい。

> (ア) のれんは、償却を行わない。
> (イ) ソフトウェアは、償却を行う。

① (ア)正 (イ)正
② (ア)正 (イ)誤
③ (ア)誤 (イ)正
④ (ア)誤 (イ)誤

解説

　無形固定資産は、基本的には有形固定資産と同様に取得原価を各会計期間に配分し費用計上する償却が行われる。ただし、無形固定資産の中でも、借地権など、時の経過によっても価値が減少しないと考えられているものがあり、これらは償却を行わない。

　各選択肢を説明すると以下のようになる。
(ア) のれんは、20年の範囲内で超過収益力の効果が続くと自社が判断する期間で償却が行われる。よって誤り。
(イ) ソフトウェアは、5年の範囲内で自社が判断する見込み利用可能期間において償却が行われる。よって正しい。

問題29 投資その他の資産の項目

次の資料により、投資その他の資産に該当する項目の合計額を計算し、正しい数値を選びなさい。（金額単位：省略）

> 建物 150　3年後満期到来の満期保有目的の債券 120　長期貸付金 10
> 特許権 80　前払費用 100　社債 150　破産更生債権等 50　長期前払費用 20
> 関係会社株式 150

① 50
② 150
③ 200
④ 300
⑤ 350

解説

投資その他の資産として区分表示するものには以下のようなものがある。投資有価証券、関係会社株式、関係会社社債、出資金、関係会社出資金、長期貸付金、関係会社長期貸付金、破産更生債権等、長期前払費用、繰延税金資産等。

問題文の資料の項目をそれぞれ区分すると以下のようになる。
流動資産…前払費用
有形固定資産…建物
無形固定資産…特許権
投資その他の資産…3年後満期到来の満期保有目的の債券、長期貸付金、破産更生債権等、長期前払費用、関係会社株式
固定負債…社債

よって投資その他の資産に該当する項目の合計額は、3年後満期到来の満期保有目的の債券（120）＋長期貸付金（10）＋破産更生債権等（50）＋長期前払費用（20）＋関係会社株式（150）＝350となる。

解答　⑤

繰延資産の意義

次の文章の空欄(ア)と(イ)に当てはまる語句の適切な組み合わせを選びなさい。

> 繰延資産はすでに代価の支払いが完了しているかあるいは支払い義務が確定し、これに対応する役務の提供を受けたにもかかわらず、その効果が将来にわたって発現すると期待されるため、その支出額を効果の及ぶ将来の期間に費用として合理的に配分するために(ア)貸借対照表に(イ)として計上された項目である。

① (ア)前払いとして　(イ)流動資産
② (ア)前払いとして　(イ)資産
③ (ア)経過的に　　　(イ)固定資産
④ (ア)経過的に　　　(イ)資産

解説

　繰延資産とは将来の期間に影響する特定の費用のことであり、次期以後の期間に配分して処理するため、経過的に貸借対照表の資産の部に記載することができる。企業会計原則注解15によると「将来の期間に影響する特定の費用」とは、すでに代価の支払が完了し又は支払義務が確定し、これに対応する役務の提供を受けたにもかかわらず、その効果が将来にわたって発現するものと期待される費用をいう。これらの費用は、その効果が及ぶ数期間に合理的に配分するため、経過的に貸借対照表上繰延資産として計上することができる。

　問題文に適切な語句を入れると以下のようになる。
　繰延資産はすでに代価の支払いが完了しているかあるいは支払い義務が確定し、これに対応する役務の提供を受けたにもかかわらず、その効果が将来にわたって発現すると期待されるため、その支出額を効果の及ぶ将来の期間に費用として合理的に配分するために（ア　経過的に）貸借対照表に（イ　資産）として計上された項目である。

　なお繰延資産は流動資産・固定資産とは区分され、独立項目として表示される。

解答　④

問題 31　繰延資産の項目

次の文章のうち、正しいものの個数を選びなさい。

(ア)　繰延資産は、貸借対照表において無形固定資産に記載される。

(イ)　開発費とは、新技術・新経営組織の採用、資源の開発や市場の開拓のために支出した費用をいう。

(ウ)　創立費とは、会社を設立するまでに要した費用をいう。

(エ)　開業費とは、会社の設立後、営業を開始するまでの準備のために支出した費用である。

① 1つ
② 2つ
③ 3つ
④ 4つ

解説

各選択肢を説明すると以下のようになる。

(ア)　繰延資産は、貸借対照表に独立した区分を設けて記載される。よって誤り。繰延資産の主なものとして創立費・開業費・開発費などがある。

(イ)　開発費とは、新技術・新経営組織の採用、資産の開発や市場の開拓のために特別に支出した費用である。よって正しい。

(ウ)　創立費とは会社を設立するために要した費用である。よって正しい。

(エ)　開業費とは、会社の設立後、営業を開始するまでの準備のために支出した費用である。よって正しい。

繰延資産は計上時に「均等償却」か「任意償却」を選択するが、均等償却の場合の償却期間は創立費・開業費・開発費は5年以内となる。

© 解答

負債の意義

次の文章の空欄(ア)と(イ)に当てはまる語句の適切な組み合わせを選びなさい。

> 負債とは、将来、企業が貨幣または財・サービスを引き渡す義務を意味する。負債は(ア)と(イ)に従って、流動負債と固定負債に分類する。負債の分類には、まず(ア)を適用し、この原則で流動負債に分類されなかった項目についてはさらに(イ)を適用する。

① (ア)正常営業循環基準　　(イ)ワンイヤー・ルール
② (ア)ワンイヤー・ルール　(イ)正常営業循環基準
③ (ア)流動性配列法　　　　(イ)固定性配列法
④ (ア)固定性配列法　　　　(イ)流動性配列法

解説

　一般に、負債とは過去の取引又は事象の結果として報告主体の資産やサービス等の経済的資源を放棄したり引き渡したりする義務をいう。

　問題文に適切な語句を入れると以下のようになる。

　負債とは、将来、企業が貨幣または財・サービスを引き渡す義務を意味する。負債は（ア　正常営業循環基準）と（イ　ワンイヤー・ルール）に従って、流動負債と固定負債に分類する。負債の分類には、まず（ア　正常営業循環基準）を適用し、この原則で流動負債に分類されなかった項目についてはさらに（イ　ワンイヤー・ルール）を適用する。

　流動負債とは、正常営業循環過程にある負債と、それ以外の負債で決算日の翌日から起算して1年以内に支払期限が到来する負債をいう。

　固定負債とは、正常営業循環過程にない負債で、支払期限の到来が決算日の翌日から起算して1年を超える負債をいう。

　正常営業循環基準……仕入→製造→販売（これを正常営業循環という）に至る営業の循環を1つのサイクルと考え、このサイクルの過程にある項目を流動資産ないし流動負債とする基準。

　ワンイヤー・ルール（一年基準）……決算日の翌日から起算して1年以内に履行期日（予定された受取りあるいは支払いの日）の到来する債権および債務については流動資産ないし流動負債とし、それ以外は固定資産ないし固定負債とする基準。

① 　答解

契約負債の意義

次の文章の空欄(ア)と(イ)に当てはまる語句の適切な組み合わせを選びなさい。

> 契約負債とは、財・サービスを顧客に引き渡す(ア)に対して、顧客から対価を受け取ったもの、または対価を受け取る期限が到来しているものをいう。具体的には(イ)で表記されることもある。

① (ア)権利　(イ)前受金
② (ア)権利　(イ)前渡金
③ (ア)義務　(イ)前受金
④ (ア)義務　(イ)預り金

解説

問題文に適切な語句を入れると以下のようになる。

契約負債とは、財・サービスを顧客に引き渡す（ア　義務）に対して、顧客から対価を受け取ったもの、または対価を受け取る期限が到来しているものをいう。具体的には（イ　前受金）で表記されることもある。

なお、契約資産とは、顧客との契約にもとづく財・サービスの提供の対価として、条件付きで当該顧客から支払いを受ける権利（支払期限が到来すれば無条件で受け取ることのできる売掛金のような債権を除く）をいう。

預り金とは、源泉徴収した所得税預り金など、第三者から一時的に預かった金額をいう。

前渡金とは、流動資産に計上し、商品・原材料などの購入代金の先払い金額をいう。

負債の項目

次の事項について【問1】と【問2】の設問に答えなさい。（金額単位：省略）

売掛金 200　長期借入金 50　未収入金 30　前払費用 60
契約負債 10　買掛金 100　電子記録債務 200　新株予約権 10

【問1】流動負債に該当するものの個数を選びなさい。
① 2つ　② 3つ　③ 4つ　④ 5つ

【問2】負債に該当する項目の合計額を計算し、正しい数値を選びなさい。
① 160　② 300　③ 360　④ 370　⑤ 420

解説

【問1】
それぞれの貸借対照表の区分は以下のようになる。
・流動資産……売掛金、未収入金、前払費用
・流動負債……契約負債、買掛金、電子記録債務
・固定負債……長期借入金
・純資産………新株予約権
負債＝流動負債＋固定負債

流動負債……契約負債、買掛金、電子記録債務の3つが正しい。

【問2】
流動負債＝契約負債(10)＋買掛金(100)＋電子記録債務(200)＝310
固定負債＝長期借入金(50)＝50
よって負債＝310＋50＝360となる。

なお、電子記録債務とは、商品などを仕入れた者が、電子債権記録機関に債務を電子記録するように請求（発生記録の請求）をすることによって生じる債務をいう。

③【問2】　②【問1】　答解

問題 35 　負債の内容

次の文章について、正誤の組み合わせとして正しいものを選びなさい。

(ア)　買掛金はワンイヤー・ルールに基づき、流動負債となる。
(イ)　長期借入金はすべて固定負債になる。

① (ア)正　(イ)正
② (ア)正　(イ)誤
③ (ア)誤　(イ)正
④ (ア)誤　(イ)誤

解説

　流動負債として区分表示するものには以下のようなものがある。買掛金、契約負債、電子記録債務、短期借入金、リース債務、未払金、未払費用、未払法人税等、預り金、前受収益、引当金等。

　固定負債として区分表示するものには以下のようなものがある。社債、長期借入金、関係会社長期借入金、リース債務、繰延税金負債、引当金等。

　長期借入金は、決算日の翌日から起算して返済期限が1年を超えて設定される借入金である。社債と同様に返済期限が1年以内となった場合は、1年内返済予定の長期借入金として、流動負債に表示される。

　なお、各選択肢を説明すると以下のようになる。
(ア)　買掛金とは仕入先との通常の取引に基づいて生じた営業上の未払額をいう。そのため、正常営業循環基準に基づき流動負債に区分される。よって誤り。
(イ)　1年内返済予定の長期借入金は流動負債になる。よって誤り。

④　解答

問題 36　引当金の計上要件

引当金の計上要件に関する次の文章について、正誤の組み合わせとして正しいものを選びなさい。

> (ア)　引当金の計上要件の1つは、会社に将来の支出を強いる負担について、その原因が当期以前に存在することである。
>
> (イ)　引当金は、その会社に将来の支出を強いる負担の発生する可能性が高い場合で、金額を合理的に見積ることができない場合でも見積った範囲で貸借対照表に計上される。

① (ア)正　(イ)正
② (ア)正　(イ)誤
③ (ア)誤　(イ)正
④ (ア)誤　(イ)誤

解説

誤っている選択肢を説明すると以下のようになる。

(イ)　引当金は、会社に将来の支出を強いる負担についてその発生の可能性が高い場合で、金額を合理的に見積ることができる場合に貸借対照表に計上する。よって誤り。

なお、引当金設定の4つの要件は以下のようになる
・将来の特定の費用または損失に関するものである。
・その発生が当期以前の事象に起因している。
・その発生の可能性が高い。
・その額を合理的に見積ることができる。
　例えば、製品保証引当金、賞与引当金、貸倒引当金、退職給付引当金などがある。

解答　②

問題37 純資産の分類

純資産の分類について、次の空欄㋐から㋒に当てはまる語句の適切な組み合わせを選びなさい。

純資産	㋐	㋑
	評価・換算差額等	
	㋒	
	新株予約権	

① ㋐株主資本　㋑自己資本　㋒株式引受権
② ㋐株主資本　㋑自己株式　㋒株式引受権
③ ㋐株主資本　㋑株式引受権　㋒自己株式
④ ㋐株主資本　㋑自己資本　㋒自己株式
⑤ ㋐自己資本　㋑株式引受権　㋒自己株式

解説

純資産の項目を分類すると以下のようになる。

純資産	㋐株主資本	㋑自己資本
	評価・換算差額等	
	㋒株式引受権	
	新株予約権	

　株主資本、評価・換算差額等の合計を自己資本と呼ぶのに対して、負債のことを他人資本と呼ぶ。自己資本は返済を要しないが、他人資本は返済を要する資金として調達している。

　株式引受権とは、会社が取締役への報酬として自社株式を条件付きで無償交付する場合、条件（勤務時間や業績目標）の達成後に株式を受け取ることができる権利をいう。株式の交付が行われるまでの間、この権利の保有者はいまだ株主でないため、現在の株主が出資した部分である株主資本とは区分して記載される。

① 　解答

次の文章のうち、誤っているものの個数を選びなさい。

ア．株主資本とは株主が出資をした部分をいう。

イ．その他有価証券評価差額金とは、「その他有価証券」を時価評価した際の取得原価と時価との差額であり、保有目的からただちに処分できないため損益計算書に評価損益は計上されない。

ウ．自己株式とは、株式会社が発行済みの自社株式を買い戻し、これを保有している場合の株式をいう。

エ．株主からの出資額のうち2分の1を超えない額は資本金に組み入れず、利益準備金とすることができる。

オ．個別貸借対照表では、純資産は源泉別に5つに分類される。

---

① 1つ

② 2つ

③ 3つ

④ 4つ

⑤ なし

解説

誤っている選択肢を説明すると以下のようになる。

ア．株主資本とは、株主が出資した払込資本と株主に分配されずに会社に残った留保利益の2つに分類される。よって誤り。

エ．株主からの出資額は原則として全額が資本金に組み入れられるが、そのうち2分の1を超えない額は資本金に組み入れず、資本準備金とすることができる。よって誤り。

オ．純資産は源泉別に株主資本、評価・換算差額等、株式引受権、新株予約権の4つに分類される。よって誤り。

なお連結貸借対照表上は、株主資本、その他の包括利益累計額、株式引受権、新株予約権、非支配株主持分の5つに分類される。

⑤ 答解

問題 39 純資産の内容②

次の文章のうち、正しいものの個数を選びなさい。

> ア．その他有価証券評価差額金は、貸借対照表において「利益剰余金」に計上される。
> イ．自己株式は、貸借対照表において「投資その他の資産」に計上される。
> ウ．土地再評価差額金は、損益計算書の「特別損失」に計上される。
> エ．株式引受権は、貸借対照表において「株主資本」に計上される。
> オ．新株予約権は、貸借対照表において「株主資本」に計上される。

① 1つ
② 2つ
③ 3つ
④ 4つ
⑤ なし

解説

各選択肢を説明すると以下のようになる。

ア．その他有価証券評価差額金は、貸借対照表において「評価　換算差額等」に計上される。よって誤り。

イ．自己株式は、貸借対照表において「株主資本」からの控除項目として計上される。よって誤り。

ウ．土地再評価差額金は、貸借対照表において「評価・換算差額等」に計上される。よって誤り。

エ．株式引受権は、貸借対照表において「株式引受権」として「株主資本」とは区分して計上される。よって誤り。

オ．新株予約権とは、会社に対して一定期間、あらかじめ定めた一定の価額で株式の交付を請求できる権利をいう。将来株主となることを前提に会社に払い込まれた金額を新株予約権として表示する。このように、現在の株主が出資した部分である「株主資本」とは発生源泉が異なるため、貸借対照表において「新株予約権」として「株主資本」とは区分して計上される。よって誤り。

⑤　解答

株主資本の項目

次の事項について、【問1】と【問2】の設問に答えなさい。（金額単位：省略）

その他資本剰余金 100　退職給付引当金 10　資本金 100　賞与引当金 80

商標権 40　利益準備金 60　現金及び預金 50　新株予約権 10

その他有価証券評価差額金 10　社債 50　自己株式 △20　その他利益剰余金 30

【問1】利益剰余金を計算し、正しい数値を選びなさい。

　① 60　② 70　③ 90　④ 100　⑤ 110

【問2】株主資本に該当する項目の合計額を計算し、正しい数値を選びなさい。

　① 270　② 310　③ 320　④ 330　⑤ 380

解説

それぞれの貸借対照表の区分は以下のようになる。

・流動資産……現金及び預金

・無形固定資産……商標権

・流動負債……賞与引当金

・固定負債……社債、退職給付引当金

・株主資本……資本金、その他資本剰余金、利益準備金、その他利益剰余金、自己株式

・評価・換算差額等……その他有価証券評価差額金

・新株予約権……新株予約権

　利益剰余金は、利益を源泉として会社に留保された留保利益を指し、利益準備金とその他利益剰余金から構成される。

　株主資本は、株主が出資した部分（払込資本）とその元本を元手にして会社が増やした部分（留保利益）から構成され、資本金、資本剰余金、利益剰余金、自己株式の4つに区分表示される。

【問1】

　利益剰余金＝利益準備金（60）＋その他利益剰余金（30）＝90となる。

【問2】

　株主資本＝資本金（資本金100）＋資本剰余金（その他資本剰余金100）＋

　　　　　　利益剰余金（利益準備金60＋その他利益剰余金30）＋自己株式（自己株式△20）

　　　　　　＝270となる。

解答　【問1】③　【問2】①

問題 41 貸借対照表に関する総合問題

次の資料により、【問1】から【問9】の設問に答えなさい。なお、金額単位は百万円とし、△はマイナスを意味する。

(単位：百万円)

資産の部		負債の部	
流動資産		流動負債	
現金及び預金	（　ア　）	支払手形	400
受取手形	500	買掛金	1,300
売掛金	1,400	契約負債	40
契約資産	50	短期借入金	700
有価証券	800	未払金	500
商品及び製品	300	未払費用	60
前払費用	100	未払法人税等	100
貸倒引当金	△50	流動負債合計	（　カ　）
流動資産合計	（　イ　）	固定負債	
固定資産		社債	（　キ　）
有形固定資産		長期借入金	1,000
建物	900	退職給付引当金	300
構築物	400	固定負債合計	2,300
機械及び装置	300	負債合計	5,400
車両運搬具	50	純資産の部	
工具、器具及び備品	60	株主資本	
土地	（　ウ　）	資本金	（　ク　）
建設仮勘定	390	資本剰余金	
有形固定資産合計	（　エ　）	資本準備金	1,000
無形固定資産		その他資本剰余金	150
のれん	250	資本剰余金合計	1,150
商標権	50	利益剰余金	
無形固定資産合計	300	利益準備金	500
投資その他の資産		その他利益剰余金	400
投資有価証券	1,000	利益剰余金合計	900
関係会社株式	600	自己株式	△50
長期貸付金	（　オ　）	株主資本合計	4,000
繰延税金資産	100	評価・換算差額等	
貸倒引当金	△80	その他有価証券評価差額金	300
投資その他の資産合計	2,500	土地再評価差額金	200
固定資産合計	5,900	評価・換算差額等合計	500
繰延資産		新株予約権	100
開発費	100	純資産合計	4,600
繰延資産合計	100		
資産合計	10,000	負債純資産合計	（　ケ　）

【問１】 空欄㋐に当てはまる数値を選びなさい。
　①700　　　②800　　　③900　　　④1,000

【問２】 空欄㋑に当てはまる数値を選びなさい。
　①3,000　　②3,300　　③4,000　　④4,400

【問３】 空欄㋒に当てはまる数値を選びなさい。
　①800　　　②1,000　　③1,100　　④1,200

【問４】 空欄㋓に当てはまる数値を選びなさい。
　①3,000　　②3,100　　③3,200　　④3,300

【問５】 空欄㋔に当てはまる数値を選びなさい。
　①550　　　②660　　　③770　　　④880

【問６】 空欄㋕に当てはまる数値を選びなさい。
　①2,100　　②2,600　　③3,000　　④3,100

【問７】 空欄㋖に当てはまる数値を選びなさい。
　①1,000　　②1,100　　③1,500　　④1,050

【問８】 空欄㋗に当てはまる数値を選びなさい。
　①1,500　　②2,000　　③2,500　　④3,000

【問９】 空欄㋘に当てはまる数値を選びなさい。
　①8,000　　②9,000　　③10,000　　④12,000

解説

貸借対照表の各金額を埋めると以下のようになる。

（単位：百万円）

資産の部		負債の部	
流動資産		流動負債	
現金及び預金	（ア 900）	支払手形	400
受取手形	500	買掛金	1,300
売掛金	1,400	契約負債	40
契約資産	50	短期借入金	700
有価証券	800	未払金	500
商品及び製品	300	未払費用	60
前払費用	100	未払法人税等	100
貸倒引当金	△50	流動負債合計	（カ 3,100）
流動資産合計	（イ 4,000）	固定負債	
固定資産		社債	（キ 1,000）
有形固定資産		長期借入金	1,000
建物	900	退職給付引当金	300
構築物	400	固定負債合計	2,300
機械及び装置	300	負債合計	5,400
車両運搬具	50	純資産の部	
工具、器具及び備品	60	株主資本	
土地	（ウ 1,000）	資本金	（ク 2,000）
建設仮勘定	390	資本剰余金	
有形固定資産合計	（エ 3,100）	資本準備金	1,000
無形固定資産		その他資本剰余金	150
のれん	250	資本剰余金合計	1,150
商標権	50	利益剰余金	
無形固定資産合計	300	利益準備金	500
投資その他の資産		その他利益剰余金	400
投資有価証券	1,000	利益剰余金合計	900
関係会社株式	600	自己株式	△50
長期貸付金	（オ 880）	株主資本合計	4,000
繰延税金資産	100	評価・換算差額等	
貸倒引当金	△80	その他有価証券評価差額金	300
投資その他の資産合計	2,500	土地再評価差額金	200
固定資産合計	5,900	評価・換算差額等合計	500
繰延資産		新株予約権	100
開発費	100	純資産合計	4,600
繰延資産合計	100		
資産合計	10,000	負債純資産合計	（ケ 10,000）

財務諸表数値の穴埋めを含む総合問題では、計算可能なところから表を埋めていき、埋まった箇所から順次解答していくとよい。

　解法順を示すと以下のようになる。

①資産合計＝負債合計＋純資産合計　となるため、資産合計10,000＝負債純資産合計（ケ　10,000）となる。

②流動負債合計＝支払手形400＋買掛金1,300＋契約負債40＋短期借入金700＋未払金500＋未払費用60＋未払法人税等100＝（カ　3,100）となる。

③固定負債合計2,300＝社債(キ)＋長期借入金1,000＋退職給付引当金300であるから社債（キ　1,000）となる。

④株主資本合計4,000＝資本金(ク)＋資本剰余金合計1,150＋利益剰余金合計900＋自己株式△50であるから資本金（ク　2,000）となる。

⑤投資その他の資産合計2,500＝投資有価証券1,000＋関係会社株式600＋長期貸付金(オ)＋繰延税金資産100＋貸倒引当金△80　であるから長期貸付金（オ　880）となる。

⑥固定資産合計5,900＝有形固定資産合計(エ)＋無形固定資産合計300＋投資その他の資産合計2,500であるから有形固定資産合計（エ　3,100）となる。

⑦有形固定資産合計（エ　3,100）＝建物900＋構築物400＋機械及び装置300＋車両運搬具50＋工具、器具及び備品60＋土地(ウ)＋建設仮勘定390であるから土地（ウ　1,000）となる。

⑧資産合計10,000＝流動資産合計(イ)＋固定資産合計5,900＋繰延資産合計100であるから流動資産合計（イ　4,000）となる。

⑨流動資産合計（イ　4,000）＝現金及び預金(ア)＋受取手形500＋売掛金1,400＋契約資産50＋有価証券800＋商品及び製品300＋前払費用100＋貸倒引当金△50であるから現金及び預金（ア　900）となる。

【問1】③　【問2】③　【問3】②　【問4】②　【問5】④
【問6】④　【問7】①　【問8】②　【問9】③　　解答

第3章

損益計算書

要　約

　損益計算書は、財務諸表の中で企業活動の成果として一定期間の経営成績を開示するために作成される。この経営成績は利益として表され、損益計算書はその利益をどのようにして稼いだかを表す利益の明細書である。利益は、収益から費用を差し引くことにより算定されるが、その収益・費用にはどのようなものがなるのかを決めるのに、発生主義の原則・実現主義の原則・費用収益対応の原則といった3つのルールがある。これらのルールに従って把握された収益・費用により、損益計算書では5つの利益が計算される。

　損益計算のルールにより利益がどのように計算され、それらの利益が経営成績の何を意味するのかを理解することが、損益計算書を利用して、企業の業績を読み取るためには重要である。

要　点

①損益計算書の様式
②損益計算書の意義
③総額主義損益計算のルール
④損益計算書に開示される利益の種類

⑤損益計算書に開示される利益の概念
⑥損益計算書の各利益の算出過程
⑦収益・費用の分類
⑧利益と税金との対応

損益計算書総論

次の文章のうち、誤っているものの個数を選びなさい。

ア．損益計算書は、一定期間の財政状態を示すものである。

イ．損益計算書の様式には勘定式と報告式がある。

ウ．損益計算書において、本業による儲けを示しているのは、営業利益である。

エ．営業活動で利益が出ていても、損益計算書において当期純損失になることが
ある。

オ．損益計算書には5つの利益が示されており、最終行に税引前当期純利益が表
示される。

①　1つ　②　2つ　③　3つ　④　4つ　⑤　なし

解説

各選択肢を説明すると以下のとおりである。

ア．誤り。損益計算書は一定期間の経営成績を示すものである。一方、貸借対照表
は一定時点の財政状態を示すものである。

イ．正しい。損益計算書の様式には勘定式と報告式があり、報告式の方が利益の獲
得プロセスが明瞭であるためよく用いられている。

ウ．正しい。営業利益は、商品や製品を販売した利益である売上総利益から販売等
にかかる経費を差し引いた利益であり、その年度の営業活動の成果を表すもので
ある。

エ．正しい。営業活動で利益が計上されていても、天災等により多額の特別損失が
生じる場合もあり、最終的に当期純損失となることもある。

オ．誤り。損益計算書は5つの利益から構成されており、税金などを差し引いた後
の当期純利益が最終行に表示される。

②　答解

問題 43 損益計算書における利益の概念

次の文章のうち、誤っているものの個数を選びなさい。

> ア．本業の売上高から売上原価を差し引いた利益のことを、粗利益というため、売上総利益とは異なる。
>
> イ．経常利益は、営業利益に財務・金融活動を加減算した利益で、経営努力の成果を示す利益である。
>
> ウ．税引前当期純利益は、経常利益に臨時的な損益を加減算した利益で、1年間に会社がどれだけ儲けたかを示す利益である。
>
> エ．損益計算書の最後に表示されるのは、株主への配当金も差し引いた企業の最終的な利益を示す当期純利益である。

① 1つ

② 2つ

③ 3つ

④ 4つ

⑤ なし

解説

　損益計算書は一定期間の企業の経営成績を示す収益と費用を記載した利益の明細書である。利益は収益と費用のそれぞれの範囲の違いにより、通常5段階の利益が開示される。利益の概念が示しやすく利益の獲得プロセスがわかりやすいことから、損益計算書の様式は報告式が多く用いられている。

　損益計算書を理解するためには、売上総利益、営業利益、経常利益、税引前当期純利益、当期純利益の5つの利益の内容についておさえる必要がある。

　誤っている選択肢を説明すると以下のようになる。

　ア．売上総利益のことを粗利益ともいう。

　エ．当期純利益は、税引前当期純利益から税金等を差し引いて求められ、配当原資（配当資金）や内部留保となる。

解答 ②

総額主義①

次の文章について、正誤の組み合わせとして正しいものを選びなさい。

ア．損益計算書では１年間に生じたすべての収益とその収益を得るためにかかったすべての費用がその原因別・種類別に記載される。

イ．損益計算書において、収益と費用は発生源泉に応じて純額で計上している。

---

① (ア)正　(イ)正
② (ア)正　(イ)誤
③ (ア)誤　(イ)正
④ (ア)誤　(イ)誤

解説

選択肢について説明を加えると次のようになる。

ア．すべての収益・費用は原因別・種類別に記載され、その範囲により利益の種類が異なる。よって正しい。

イ．損益計算書において、すべての収益とすべての費用を発生源泉別に総額で計上している。これを総額主義という。よって誤り。

損益計算書の５つの利益は各段階（発生源泉）に応じたすべての費用を総額計上している。

解答　②

問題 45 　総額主義②

次の文章について、(ア)と(イ)に当てはまる語句の適切な組み合わせを選びなさい。

> 収益とその収益に対応する費用を相殺して記載することや、資産項目と関連性のある負債項目を相殺して記載することはできない。これを（ア）の原則という。また受取利息や支払利息、貸付金と借入金のように関連がある科目の場合など、差引残高だけを記載することは（イ）。

① (ア)明瞭性　　(イ)認められる
② (ア)明瞭性　　(イ)認められない
③ (ア)総額主義　(イ)認められる
④ (ア)総額主義　(イ)認められない

解説

適切な語句を入れると、以下のようになる。

収益とその収益に対応する費用を相殺して記載することや、資産項目と関連性のある負債項目を相殺して記載することはできない。これを（ア　総額主義）の原則という。また受取利息や支払利息、貸付金と借入金のように関連がある科目の場合など、差引残高だけを記載することは（イ　認められない）。

受取利息や支払利息、貸付金と借入金のように関連性がある科目といえども、相殺して記載することはできない。

④　答解

損益計算書の様式

【問1】 次の資料は一般的な損益計算書の様式を示している。空欄(ア)から(ソ)に当てはまる語句および数値を選びなさい。なお、同じものを何度用いてもよい。

損益計算書 （単位：百万円）

売上高	7,000
売上原価	5,000
（　　ア　　）	（　サ　）
（　　イ　　）	700
（　　ウ　　）	（　シ　）
（　エ　）収益	（　ス　）
（　オ　）費用	500
（　　カ　　）	1,400
（　キ　）利益	200
（　ク　）損失	100
（　　ケ　　）	1,500
法人税、住民税及び事業税	（　セ　）
（　　コ　　）	△ 150
法人税等合計	650
当期純利益	（　ソ　）

① 営業　② 営業外　③ 販売費及び一般管理費　④ 営業利益　⑤ 経常利益
⑥ 税引前当期純利益　⑦ 法人税等調整額　⑧ 売上総利益　⑨ 当期純利益
⑩ 特別　⑪ 500　⑫ 600　⑬ 800　⑭ 850　⑮ 1,300　⑯ 2,000

【問2】 損益計算書の様式に関する次の文章について、正誤の組み合わせとして正しいものを選びなさい。

> (ア) 損益計算書の様式には、貸借対照表と同様に勘定式と報告式がある。
> (イ) 勘定式の損益計算書では、一般的に5つの利益が順に計算される。

① (ア)正　(イ)正
② (ア)正　(イ)誤
③ (ア)誤　(イ)正
④ (ア)誤　(イ)誤

解説

【問1】損益計算書を作成すると以下のようになる。

損益計算書	（単位：百万円）
売上高	7,000
売上原価	5,000
（ア　売上総利益　）	（サ　2,000）
（イ　販売費及び一般管理費　）	700
（ウ　営業利益　）	（シ　1,300）
（エ　営業外）収益	（ス　600）
（オ　営業外）費用	500
（カ　経常利益　）	1,400
（キ　特別）利益	200
（ク　特別）損失	100
（ケ　税引前当期純利益）	1,500
法人税、住民税及び事業税	（セ　800）
（コ　法人税等調整額　）	△150
法人税等合計	650
当期純利益	（ソ　850）

　一般的な報告式の様式である。5つの利益は上からア　売上総利益、ウ　営業利益、カ　経常利益、ケ　税引前当期純利益、および当期純利益として表示される。各利益の金額、各収益と費用を差し引くことにより、7,000−5,000＝2,000（売上総利益）、2,000−700＝1,300（営業利益）、1,300＋600−500＝1,400（経常利益）、1,400＋200−100＝1,500（税引前当期純利益）、1,500−650（法人税等合計）＝850（当期純利益）となる。

【問2】誤っている選択肢を説明すると以下のとおりである。

(イ)　報告式の損益計算書では、5つの利益が上から順に計算される。

損益計算のルール①

次の文章のうち、正しいものの個数を選びなさい。

ア．損益計算書で計算される期間収益・期間費用の金額と、実際の現金収支額は必ず一致する。
イ．費用は収益を獲得するための犠牲であるから、収益と同様に実現主義により計上される。
ウ．収益の計上は販売により対価の受取りが確実になった時点で計上される。
エ．実現主義による収益計上の要件は、財貨または役務の提供と現金または現金等価物の受領である。
オ．費用収益対応の原則によって成果と努力を対応させ、費用と収益の期間帰属が決定され、利益が計算される。

① 1つ ② 2つ ③ 3つ ④ 4つ ⑤ なし

解説

各選択肢を説明すると以下のようになる。

ア．現行の会計制度においては現金主義ではなく実現主義または発生主義により収益及び費用を認識するため、期間収益費用と実際の現金収支額は必ずしも一致しない。よって誤り。

イ．費用は発生主義により認識される。よって誤り。

ウ．収益の計上は確実性が求められるため、原則として実現主義に基づいてなされる。よって正しい。

エ．収益は原則として実現主義により計上される。実現主義による収益計上の要件はⅰ）企業外部の第三者に対する財貨または役務の提供とⅱ）その対価として現金または現金等価物（売掛金・受取手形など）の受領である。よって正しい。

オ．費用収益対応の原則により実現主義に基づく収益と発生主義に基づく費用が対応されてそれぞれの期間帰属が決定し、当期の利益が計算される。よって正しい。

以上より、ウ、エ、オが正しい。

問題 48 損益計算のルール②

次の文章の空欄⑦と⑦に当てはまる語句の適切な組み合わせを選びなさい。

> 費用と収益の対応関係には⑦と⑦がある。⑦とは商品などの売上高とそれに対応する売上原価のように因果関係がわかるものをいい、⑦とは⑦が見い出しにくく、その期間に発生した費用を同期間の収益と関連づけるものである。

① ⑦期間帰属　　　⑦個別的対応
② ⑦個別的対応　　⑦期間的対応
③ ⑦期間的対応　　⑦発生源泉
④ ⑦発生源泉　　　⑦期間帰属

解説

　経営努力の成果である収益と企業の経営努力である費用を対応させ、それぞれの期間帰属を決定し、差額としての当期の利益が計算される。

　費用収益対応の原則とは、実現した収益とそれに対応する費用を計上することによって期間損益を算定しようとする原則（企業会計原則　損益計算書原則一C）である。

　発生主義会計においては、収益を認識する基準は実現主義であり、実現主義により企業の当該期間の収益は確定する。期間損益を算定するためには、期間費用を確定させなくてはならず、費用の認識は、発生主義によって認識された発生費用の中から費用収益対応の原則によって当該事業年度の期間費用を選定することによって行われる。

　費用収益対応の原則における対応には、売上高と対応する売上原価のように因果関係が個別的（直接的）に対応がわかるものと、売上高と販売費及び一般管理費のように、期間に発生した費用を同期間の収益と対応させる期間的（間接的）な対応という2つの類型がある。

　問題文に適切な語句を入れると以下のようになる。

　費用と収益の対応関係には（ア　個別的対応）と（イ　期間的対応）がある。（ア　個別的対応）とは商品などの売上高とそれに対応する売上原価のように因果関係がわかるものをいい、（イ　期間的対応）とは（ア　個別的対応）が見い出しにくく、その期間に発生した費用を同期間の収益と関連づけるものである。

損益計算書の考え方

次の文章の空欄(ｱ)と(ｲ)に当てはまる語句の適切な組み合わせを選びなさい。

> 収益を認識するには、まず(ｱ)を識別する。(ｱ)を識別後、(ｱ)において別個の財またはサービスを顧客に移転する(ｲ)を識別する。次に、収益として認識される金額の基礎となる取引価格を算定し、配分する。配分された取引価格に基づき収益を認識する。

① (ｱ)履行義務　　(ｲ)顧客との契約
② (ｱ)顧客との契約　(ｲ)履行義務
③ (ｱ)取引金額　　(ｲ)履行義務
④ (ｱ)顧客との契約　(ｲ)取引金額

解説

問題文に適切な語句を入れると以下のようになる。

収益を認識するには、まず（ア　顧客との契約）を識別する。（ア　顧客との契約）を識別後、顧客との契約において別個の財またはサービスを顧客に移転する（イ　履行義務）を識別する。次に、収益として認識される金額の基礎となる取引価格を算定し、配分する。配分された取引価格に基づき収益を認識する。

これまで、日本基準においてはっきりとした売上の会計基準がなく「実現主義の原則」といったルールがあるだけであった。そのためさまざまな実務慣行が存在し、例外が許容されてきた。しかし、企業会計基準第29号「収益認識に関する会計基準」ができたことで、認められているものもあるため、基準に則って売上が計上されることになる。

この基準に基づくと、下記の収益の認識ステップをもとに売上が認識される。

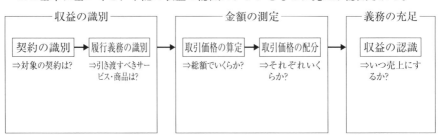

問題50 売上原価の算定①

次の資料により、売上原価の金額を計算し、正しい数値を選びなさい。（金額単位：省略）

> 経費 400　材料費 250　期首製品棚卸高 300　期末製品棚卸高 200
> 労務費 350

- ① 900
- ② 1,000
- ③ 1,100
- ④ 1,200
- ⑤ 1,300

解説

製造業における売上原価の計算式を示すと以下のようになる。

当期製品製造原価＝材料費(250)＋労務費(350)＋経費(400)＝1,000

売上原価＝期首製品棚卸高(300)＋当期製品製造原価(1,000)－期末製品棚卸高(200)
　　　　＝1,100

期首製品棚卸高 300	売上原価 1,100
当期製品製造原価 （材料費・労務費・経費） 1,000	期末製品棚卸高 200

売上原価の算定（製造業）

期首製品棚卸高	300
当期製品製造原価	1,000
合計	1,300
期末製品棚卸高	－200
売上原価	1,100

売上原価の算定②

次の資料により、売上高を計算し、正しい数値を選びなさい。(金額単位：省略)

売上総利益 400　期首商品棚卸高 300　期末商品棚卸高 200　当期商品仕入高 800

① 1,000
② 1,100
③ 1,200
④ 1,300
⑤ 1,400

解説

　まず、売上原価＝期首商品棚卸高300＋当期商品仕入高800－期末商品棚卸高200＝900と算定される。よって、売上高－売上原価＝売上総利益であるから、売上高＝売上原価900＋売上総利益400＝1,300となる。

売上原価（商業）

期首商品棚卸高 300	売上原価 900
当期商品仕入高 800	期末商品棚卸高 200

解答　④

問題 52 売上原価の算定③

次の資料により、売上原価の金額を計算し、正しい数値を選びなさい。(金額単位：省略)

製品期首棚卸高 2,400　製品期末棚卸高 3,000　当期商品仕入高 1,600
当期製品製造原価 12,000　(なお商品の期首・期末棚卸高は0である。)

① 12,000
② 13,000
③ 14,200
④ 15,000
⑤ 19,000

解説

製品期首棚卸高	2,400
当期製品製造原価	+ 12,000
当期商品仕入高	+ 1,600
合計	16,000
製品期末棚卸高	− 3,000
売上原価	13,000

なお、製品期首棚卸高、製品期末棚卸高は、期首製品棚卸高、期末製品棚卸高として表示されることもある。

また、期首、期末の商品棚卸高が0であるため、当期商品仕入高全額が売上原価になっている。

解答　②

売上総利益①

次の文章について、正誤の組み合わせとして正しいものを選びなさい。

(ア) 製造業では、売上高から製造原価を差し引いた金額が売上原価となる。
(イ) 営業利益は、粗利益ともいわれている。

① (ア)正　(イ)正
② (ア)正　(イ)誤
③ (ア)誤　(イ)正
④ (ア)誤　(イ)誤

解説

次の選択肢について説明を加えると以下のようになる。

(ア) 売上総利益は、売上高から売上原価を差し引いて計算される。製造業では、売上原価は、製造原価に期首の製品在庫（製品期首棚卸高）を加え、期末の製品在庫（製品期末棚卸高）を差し引いて計算される。よって誤り。
(イ) 売上総利益は、粗利益といわれている。よって誤り。

54 売上総利益②

次の資料により、売上総利益を計算し、正しい数値を選びなさい。（金額単位：省略）

> 経常利益 600 支払利息 50 通信費 150 給与 300 売上高 5,000
> 減価償却費 250 受取配当金 150

① 500 ② 950 ③ 1,000 ④ 1,200 ⑤ 3,800

解説

経常利益から逆算して算出する。売上総利益＝経常利益＋営業外費用－営業外収益＋販売費及び一般管理費で計算される。

売上総利益＝経常利益600＋支払利息50－受取配当金150＋通信費150＋減価償却費250＋給与300＝1,200

売上高から経常利益までの損益計算書を作成すると以下のようになる。

損益計算書		
売上高		5,000
売上原価		3,800
売上総利益		1,200
販売費及び一般管理費		
給与	300	
減価償却費	250	
通信費	150	700
営業利益		500
営業外収益		
受取配当金	150	150
営業外費用		
支払利息	50	50
経常利益		600

解答　④

営業利益計算①

次の資料により、営業利益を計算し、正しい数値を選びなさい。（金額単位：省略）

経常利益 280　支払利息 20　受取配当金 17　有価証券評価損 140
有価証券売却益 41

① 178
② 277
③ 283
④ 382
⑤ 498

解説

営業外収益…受取配当金17＋有価証券売却益41＝58
営業外費用…支払利息20＋有価証券評価損140＝160
営業利益＋営業外収益－営業外費用＝経常利益であるので営業利益Ｘとすると
（Ｘ）＋（58）－（160）＝（280）　よりＸ＝280＋160－58＝382となる。

営業利益から経常利益までの損益計算書を作成すると以下のようになる。

営業利益		382
営業外収益		58
営業外費用		160
経常利益		280

解答　④

営業利益計算②

次の資料により、営業利益を計算し、正しい数値を選びなさい。（金額単位：省略）

売上高 11,000　給料 1,200　期末商品棚卸高 300　水道光熱費 100
受取配当金 100　福利厚生費 300　不動産賃借料 600　当期商品仕入高 5,500
支払利息 200　期首商品棚卸高 400

---

① 2,500　② 2,900　③ 3,100　④ 3,200　⑤ 5,400

解説

売上高から経常利益までの損益計算書を作成すると以下のようになる。

損益計算書		
売上高		11,000
売上原価		
期首商品棚卸高	400	
当期商品仕入高	5,500	
合計	5,900	
期末商品棚卸高	300	5,600
売上総利益		5,400
販売費及び一般管理費		
給料	1,200	
福利厚生費	300	
水道光熱費	100	
不動産賃借料	600	2,200
営業利益		3,200
営業外収益		
受取配当金	100	100
営業外費用		
支払利息	200	200
経常利益		3,100

④　答解

問題 57 販売費及び一般管理費の項目①

次の項目のうち、販売費及び一般管理費に含まれるものの個数を選びなさい。

> ア．郵便・電話などの費用
> イ．営業債権以外の金銭債権に対する回収不能見込み額である貸倒引当金を計上する際の引当に対応する費用
> ウ．投資目的で保有している有価証券を売却した時の売却損
> エ．自社が発行した社債に対して支払う利息
> オ．商品などを販売してもらうために販売受託者や仲介者に支払う費用

① 1つ
② 2つ
③ 3つ
④ 4つ
⑤ 5つ

解説

問題文の項目を区分すると以下のとおりとなる。

販売費及び一般管理費……ア（通信費）、オ（販売手数料）
営業外費用……イ（貸倒引当金繰入額）、エ（社債利息）
特別損失……ウ（投資有価証券売却損）

　なお、営業債権以外の金銭債権に対する回収不能見込み額である貸倒引当金を計上する際の引当に対応する費用は、営業外費用に計上されるが、受取手形、売掛債権などの営業活動にかかる金銭債権に対する回収不能見込み額である貸倒引当金を計上する際の引当に対応する費用は、販売費及び一般管理費に計上される。

② 答解

58 販売費及び一般管理費の項目②

販売費及び一般管理費に関する次の文章のうち、正しいものの個数を選びなさい。

> ア．印紙税や固定資産税は、販売費及び一般管理費に該当する。
> イ．新しい製品・サービスを作り出すための研究や開発などにかかる費用は、販売費及び一般管理費に該当する。
> ウ．販売手数料とは、商品などの販売受託者への支払手数料や代金支払い時の振込手数料をいう。
> エ．火災保険・損害保険などの料金は保険料とする。
> オ．福利厚生費には、健康保険・厚生年金・雇用保険・労災保険などの社会保険料の会社負担分が含まれる。

① 1つ
② 2つ
③ 3つ
④ 4つ
⑤ なし

解説

各選択肢について説明を加えると以下のとおりになる。

ア．正しい。印紙税や固定資産税は、租税公課として販売費及び一般管理費に計上される。

イ．正しい。新しい製品・サービスなどにかかる費用は、研究開発費として、販売費及び一般管理費に計上される。

ウ．販売手数料とは、商品などの販売受託者や仲介者に支払う手数料である。代金支払時の振込手数料は支払手数料であり、誤り。

エ．正しい。火災保険・損害保険などの料金は保険料とする。

オ．正しい。福利厚生費には社会保険の会社負担分に加え、社員への慶弔費などが含まれる。

④ 答解

販売費及び一般管理費の項目③

　次の資料により、販売費及び一般管理費の合計額を計算し、正しい数値を選びなさい。（金額単位：省略）

社債利息 50　売上高 1,500　受取配当金 70　営業利益 400　経常利益 200
売上原価 800　固定資産売却益 400　原材料 100　有価証券利息 60

---

① 100
② 130
③ 300
④ 500
⑤ 700

解説

販売費及び一般管理費の金額を X とする。
売上高(1,500) − 売上原価(800) − 販売費及び一般管理費(X) ＝ 営業利益(400)
X ＝ 300

なお、その他の項目の損益計算書および貸借対照表上の区分は以下のようになる。
営業外収益……受取配当金、有価証券利息
営業外費用……社債利息
特別利益………固定資産売却益
流動資産………原材料

正解 ③

減価償却費の計算①

次の資料により、事業年度の減価償却費を計算し、正しい数値を選びなさい。（金額単位：省略）

> 減価償却方法　定額法
> 取得日　Ｘ8年1月
> 事業年度　Ｘ9年1月1日～Ｘ9年12月31日
> 取得価額1,500,000、残存価額ゼロ、耐用年数5年

①50,000　②100,000　③150,000　④200,000　⑤300,000

解説

定額法による問題の場合、減価償却費は1,500,000÷5＝300,000となる。

減価償却費には基本となる3つの要素、耐用年数・残存価額・償却方法がある。

耐用年数とは減価償却資産の使用可能期間のことで言い換えれば、その資産を使うことができる年数のことをいう。

残存価額は耐用年数が経過した後の処分可能価額である。まったく価値がなくなるわけではないが、現在では残存価額をゼロにする場合が多く、言い換えれば取得原価の全体を償却するということになり、これを要償却額100%ということもある。

償却方法には、主な方法として定額法と定率法の2つがある。定額法とは毎年一定額の減価償却費を計上する方法で、（取得原価−残存価額）÷耐用年数で計算される。定率法とは一定の率で減価償却費を計算する方法で、（取得原価−減価償却累計額）×償却率で計算される。

本問を定率法により計算した場合の減価償却費は以下のようになる。

なお、償却率0.4、減価償却累計額600,000とする。

$(1,500,000 - 600,000) \times 0.4 = 360,000$

⑤　答解

次の文章の空欄㋐と㋑に当てはまる語句の適切な組み合わせを選びなさい。

> 減価償却費の計算をするためには取得原価、耐用年数および残存価額を利用する。㋐では減価償却費は次第に㋑なる。

① ㋐定額法　　㋑大きく
② ㋐定額法　　㋑小さく
③ ㋐定率法　　㋑大きく
④ ㋐定率法　　㋑小さく

解説

　償却費の計算方法のうち、定率法による償却は、毎年の減価償却費を期首の帳簿価額の一定割合計上する方法で、毎年の減価償却費＝帳簿価額（＝取得原価－減価償却累計額）×償却率で求めることになる。

　問題文に適切な語句を入れると以下のようになる。
　減価償却費の計算をするためには取得原価、耐用年数および残存価額を利用する。（ア　定率法）では減価償却費は次第に（イ　小さく）なる。

　定率法では帳簿価額に償却率を乗じて減価償却費を算出するため、初期の減価償却費は大きく、順次逓減していく特徴を有している。

㋑　答解

問題 62　経常利益の内容

次の文章の空欄(ア)から(ウ)に当てはまる語句の適切な組み合わせを選びなさい。

> 　経常利益とは、(ア)に本業以外で生じた投資収益や資金調達コストを加減算した利益で、経営努力の成果を示すものである。経常利益は、(ア)に(イ)を加算し、(ウ)を減算して求める。

① (ア)売上総利益　　(イ)特別利益　　(ウ)特別損失
② (ア)売上総利益　　(イ)営業収益　　(ウ)営業費用
③ (ア)営業利益　　　(イ)営業収益　　(ウ)営業費用
④ (ア)営業利益　　　(イ)特別利益　　(ウ)特別損失
⑤ (ア)営業利益　　　(イ)営業外収益　(ウ)営業外費用

解説

問題文に適切な語句を入れると以下のようになる。

　経常利益とは、(ア 営業利益)に本業以外で生じた投資収益や資金調達コストを加減算した利益で、経営努力の成果を示すものである。経常利益は、(ア 営業利益)に(イ 営業外収益)を加算し、(ウ 営業外費用)を減算して求める。

　経常利益は、本業による利益である営業利益から、本業以外の継続的な収益・費用を加減算することで算出され、経営努力の成果を示す利益である。会社の業績を判断する数値として利用されている。

⑤　解答

営業外収益項目

次の資料により、営業外収益の金額を計算し、正しい数値を選びなさい。（金額単位：省略）

有価証券利息 60　租税公課 40　退職給付費用 40　営業利益 200
不動産貸借料 40　固定資産売却益 10　有価証券売却益 50　支払利息 20
投資有価証券売却益 60　研究開発費 60

---

① 110
② 150
③ 170
④ 210
⑤ 270

解説

営業外収益項目は以下のようになる
有価証券利息(60)＋有価証券売却益(50)＝営業外収益(110)

その他の項目の損益計算書の区分は以下のようになる。
販売費及び一般管理費……租税公課、退職給付費用、不動産貸借料、研究開発費
営業外費用……支払利息
特別利益………固定資産売却益、投資有価証券売却益

なお、営業外収益項目を説明すると以下のようになる。
有価証券利息……所有する国・地方債、他社の社債等の有価証券から得られる利息
有価証券売却益……売買目的有価証券を売却して得た利益
さらに営業外収益として、
受取利息……預貯金や貸付金から得られる利息
がある。

問題 64 営業外費用項目

次の項目のうち、営業外費用に含まれるものの適切な組み合わせを選びなさい。

ア. 社債利息
イ. 減価償却費
ウ. 投資有価証券売却損
エ. 有価証券評価損
オ. 減損損失

① アイ
② アエ
③ アオ
④ ウエ
⑤ ウオ

解説

営業外費用に属する費用は、支払利息、社債利息、社債発行費償却、創立費償却、開業費償却、貸倒引当金繰入額または貸倒損失（販売費として記載されるものを除く）、有価証券売却損、雑損失その他の項目の区分に従い、当該費用を示す名称を付した科目をもって掲記しなければならない。

問題文の項目を区分すると以下のようになる。
販売費及び一般管理費…減価償却費
営業外費用…有価証券評価損、社債利息
特別損失…投資有価証券売却損、減損損失

なお、営業外費用に含まれる他の項目を説明すると以下のようになる。
雑損失……少額かつ重要性の低いその他の費用
手形売却損……満期日を迎える前に手形を決済し、現金化する際に発生する割引料。

② 答解

次の文章のうち、正しいものの個数を選びなさい。

> ア．売上高は、商品・製品・サービスの販売の対価である。商品等の返品があった場合には売上金額から控除せず費用として処理される。
> イ．売上原価は、売上高を超えることはない。
> ウ．販売費及び一般管理費とは、販売や事務など、会社が本業を行うためにかかったさまざまな費用の総額である。
> エ．営業外費用とは、本業を含む財務活動や投資活動などの継続的な活動による費用である。
> オ．特別利益は、臨時的に発生した利益が計上される。よって、毎期継続的に発生する収益は、特別利益に計上されない。

① 1つ
② 2つ
③ 3つ
④ 4つ
⑤ 5つ

解説

誤っている選択肢に説明を加えると以下のようになる。

ア．商品等の返品があった場合、売上高の戻りであるため売上金額から控除する。
イ．売上総利益がマイナスの場合には、売上原価が売上高を超える。
エ．営業外費用とは本業以外の財務活動や投資活動などの継続的な活動による費用を指す。

よって、ウ、オが正しい。

② 答解

問題
66 　　　　　**損益計算書の項目②**

次の項目のうち、3つの項目が該当する表示区分を選びなさい。

保険料、減損損失、支払報酬料、社債利息、雑損失、受取配当金、
有価証券評価益、固定資産売却益、雑収入

① 販売費及び一般管理費
② 営業外収益
③ 営業外費用
④ 特別利益
⑤ 特別損失

解説

各項目を区分すると以下のようになる。
① 販売費及び一般管理費……保険料、支払報酬料（2項目）
② 営業外収益………………雑収入、受取配当金、有価証券評価益（3項目）
③ 営業外費用………………社債利息、雑損失（2項目）
④ 特別利益…………………固定資産売却益（1項目）
⑤ 特別損失…………………減損損失（1項目）
よって営業外収益が3項目となる。

なお、他の項目を説明すると以下のようになる。
減損損失……資産の収益性が低下して投資額の回収が見込めなくなるなど、固定資産等の価値が大幅に減少したことによる評価損という。

解答　②

特別利益

次の資料により、特別利益の金額を計算し、正しい数値を選びなさい。（金額単位：省略）

> 雑収入 30　有価証券評価益 30　投資有価証券売却益 40　固定資産売却益 20
> 社債利息 20　減損損失 30　不動産賃借料 20

① 20
② 40
③ 60
④ 80
⑤ 100

解説

投資有価証券売却益（40）＋固定資産売却益（20）＝特別利益（60）

その他の項目は、損益計算書の区分では、以下のようになる。

販売費及び一般管理費……不動産賃借料

営業外収益……有価証券評価益、雑収入

営業外費用……社債利息

特別損失……減損損失

特別損失

次の項目のうち、特別損失に含まれるものの適切な組み合わせを選びなさい。

ア．資産の収益性が低下し、投資の回収額が帳簿価額を下回る見込みになる等、固定資産の価値が減少したことによる評価損
イ．新しい製品・サービスを作り出すための研究や開発などにかかる費用
ウ．決算時に売買目的有価証券の時価が帳簿価額により減少した分の価値減少額
エ．販売・管理活動のための固定資産を使用することで価値が減少した分の費用
オ．投資目的で保有している有価証券を売却したときの売却損

① アイ
② アエ
③ アオ
④ ウエ
⑤ ウオ

解説

問題文の項目の科目及び区分は以下のようになる。

ア．減損損失……特別損失
イ．研究開発費……販売費及び一般管理費
ウ．有価証券評価損……営業外費用
エ．減価償却費……販売費及び一般管理費
オ．投資有価証券売却損……特別損失

税引前当期純利益の算定

次の資料により、税引前当期純利益の金額を計算し、正しい数値を選びなさい。(金額単位:省略)

租税公課 50　投資有価証券売却益 40　営業利益 300　経常利益 100
固定資産売却益 10　有価証券売却損 10　受取利息 40　有価証券評価損 40
災害による損失 40　法人税等 40

① 70
② 110
③ 120
④ 140
⑤ 180

解説

税引前当期純利益とは、経常利益に臨時的に発生した特別損益を加減算した利益で、税金を控除する前の1年間の会社が儲けた利益を示す。

経常利益(100) + 投資有価証券売却益(40) + 固定資産売却益(10) − 災害による損失(40) = 税引前当期純利益(110)

なお、損益計算書の区分は以下のようになる。

販売費及び一般管理費……租税公課
営業外収益……受取利息
営業外費用……有価証券売却損、有価証券評価損
特別利益………投資有価証券売却益、固定資産売却益
特別損失………災害による損失

解答 ②

70 当期純利益の算定

次の資料により、当期純利益を計算し、正しい数値を選びなさい。（金額単位：省略）

営業利益 600　経常利益 200　固定資産売却益 20　減損損失 50
災害による損失 10　租税公課 10　法人税、住民税及び事業税 60
法人税等調整額 △10（税額をマイナス調整）

---

① 100
② 110
③ 120
④ 130
⑤ 140

解説

経常利益から当期純利益までの損益計算書を作成すると以下のようになる。

経常利益	200
特別利益（固定資産売却益）	20
特別損失（減損損失、災害による損失）	60
税引前当期純利益	160
法人税、住民税及び事業税	60
法人税等調整額	△10
当期純利益	110

　経常利益 200＋特別利益 20－特別損失 60－（法人税、住民税及び事業税 60＋法人税等調整額 △10（税額をマイナス調整））＝当期純利益 110となる。
　なお、法人税、住民税及び事業税のことを法人税等ともいう。
　また、法人税等調整額は利益に加算する場合と減算する場合がある。
　将来に負担する税金をすでに支払っている場合は税額をマイナス調整する。

損益計算書における法人税等①

次の文章の空欄㋐と㋑に当てはまる語句の適切な組み合わせを選びなさい。

> 法人税は会社の利益の金額に基づいて課税され、連動して住民税と事業税も課税される。法人税、住民税および事業税のことを㋐ともいう。損益計算書上、税引前当期純利益から㋐を控除して㋑を加減算し、１年間の最終的な利益である当期純利益が計算される。

① ㋐法人税等　　　　㋑法人税等調整額
② ㋐法人税等調整額　㋑法人税等
③ ㋐租税公課　　　　㋑法人税等調整額
④ ㋐法人税等　　　　㋑税効果

解説

税法上、住民税は法人税額をもとに計算され、事業税は法人税算出の基礎である課税所得をもとに計算される。住民税は、都道府県民税、市町村民税を総称したものである。

問題文に適切な語句を入れると以下のようになる。

法人税は会社の利益の金額に基づいて課税され、連動して住民税と事業税も課税される。法人税、住民税および事業税のことを（ア　法人税等）ともいう。損益計算書上、税引前当期純利益から、（ア　法人税等）を控除して（イ　法人税等調整額）を加減算し、１年間の最終的な利益である当期純利益が計算される。

なお、法人税は国税として、住民税と事業税は地方税として課税される。

① 答解

問題 72 損益計算書における法人税等②

次の文章について、正誤の組み合わせとして正しいものを選びなさい。

> (ア) 会計上の利益をもとに計算した法人税等の金額と税務上の法人税等の金額との差額を調整する項目を、未払法人税等という。
> (イ) 税効果会計では、損益計算書で法人税等調整額を計上し、貸借対照表に前払費用または未払費用を計上する。

① (ア)正 (イ)正
② (ア)正 (イ)誤
③ (ア)誤 (イ)正
④ (ア)誤 (イ)誤

解説

　法人税等の課税所得の計算にあたっては企業会計上の利益の額が基礎となるが、企業会計と課税所得計算とはその目的を異にするため、会計上の利益（収益－費用＝利益）と税務上の法人税等の対象となる課税所得（益金－損金＝課税所得）は、収益と益金、費用と損金に含まれる項目や金額が異なり、利益と課税所得は必ずしも一致しない。

　そのため、会計上と税務上の税額に差額があり、その差額を調整する手続を税効果会計という。

　各選択肢に説明を加えると以下のようになる。
(ア) 会計上の利益をもとに計算した法人税等の金額と税務上の法人税等の金額との差額を調整する項目は、法人税等調整額である。よって誤り。
(イ) 税効果会計では、損益計算書で法人税等調整額を計上し、貸借対照表に繰延税金資産または繰延税金負債を計上する。よって誤り。

損益計算書の構造

次の資料により、当期純利益の金額を計算し、正しい数値を選びなさい。なお、資料に記載されている項目だけで構成されているものとする。（金額単位：省略）

支払利息 50　給料 1,200　受取利息 30　法人税、住民税及び事業税 290
交際費 310　当期商品仕入高 5,200　投資有価証券売却益 110　売上高 8,000
有価証券評価損 30　期首商品棚卸高 510　福利厚生費 640
固定資産除却損 210　固定資産売却損 300　期末商品棚卸高 720
受取配当金 330　法人税等調整額 △65
（なお、△は税額のマイナス調整を意味する）

① 225　② 355　③ 385　④ 515　⑤ 740

解説

損益計算書は以下のようになるので売上から順次算定して当期純利益の金額を求めることができる。

損益計算書

売上高		8,000
売上原価		
期首商品棚卸高	510	
当期商品仕入高	5,200	
計	5,710	
期末商品棚卸高	720	4,990
売上総利益		3,010
販売費及び一般管理費		
給料	1,200	
福利厚生費	640	
交際費	310	2,150
営業利益		860
営業外収益		
受取利息	30	
受取配当金	330	360
営業外費用		
支払利息	50	
有価証券評価損	30	80
経常利益		1,140
特別利益		
投資有価証券売却益	110	110
特別損失		
固定資産売却損	300	
固定資産除却損	210	510
税引前当期純利益		740
法人税、住民税及び事業税		290
法人税等調整額		△ 65
当期純利益		515

解答　④

問題 74 損益計算書に関する総合問題

次の資料により、空欄(ア)から(オ)に当てはまる金額を選びなさい。金額単位は百万円とする。

損益計算書		
売上高		7,500
売上原価		
期首商品棚卸高	500	
当期商品仕入高	(ア)	
合計	(　　)	
期末商品棚卸高	700	(　　)
売上総利益		4,800
販売費及び一般管理費		
給料	(イ)	
賞与	410	
租税公課	30	1,340
営業利益		(　　)
営業外収益		
受取利息	50	
受取配当金	110	140
営業外費用		
支払利息	170	
雑損失	(ウ)	(　　)
経常利益		3,400
特別利益		
固定資産売却益	210	210
特別損失		
災害による損失	60	
投資有価証券売却損	250	310
税引前当期純利益		(エ)
法人税、住民税及び事業税		1,040
当期純利益		(オ)

① 20　　② 30　　③ 700　　④ 900　　⑤ 1,010

⑥ 2,260　　⑦ 2,290　　⑧ 2,900　　⑨ 3,000　　⑩ 3,300

損益計算書を作成すると、以下のようになる。

損益計算書

売上高		7,500
売上原価		
期首商品棚卸高	500	
当期商品仕入高	（ア　2,900）	
合計	（3,400）	
期末商品棚卸高	700	（2,700）
売上総利益		4,800
販売費及び一般管理費		
給料	（イ　900）	
賞与	410	
租税公課	30	1,340
営業利益		（3,460）
営業外収益		
受取利息	30	
受取配当金	110	140
営業外費用		
支払利息	170	
雑損失	（ウ　30）	（200）
経常利益		3,400
特別利益		
固定資産売却益	210	210
特別損失		
災害による損失	60	
投資有価証券売却損	250	310
税引前当期純利益		（エ　3,300）
法人税、住民税及び事業税		1,040
当期純利益		（オ　2,260）

各空欄の算出は以下のようになる。

ア．売上高−売上総利益＝2,700より当期商品仕入高は2,900

イ．販売費及び一般管理費合計（1,340）−賞与（410）−租税公課（30）＝給与（900）

ウ．売上総利益（4,800）−販売費及び一般管理費（1,340）＝営業利益（3,460）
　　営業利益（3,460）＋営業外収益（140）−経常利益（3,400）＝営業外費用（200）
　　営業外費用（200）−支払利息（170）＝雑損失（30）

エ．経常利益（3,400）＋特別利益（210）−特別損失（310）＝税引前当期純利益（3,300）

オ．エ．より税引前当期純利益（3,300）−法人税、住民税及び事業税（1,040）＝当期
　　純利益（2,260）

第 4 章

キャッシュ・フロー計算書

要 約

　キャッシュ・フロー計算書は、企業が一定期間にどれだけのキャッシュを生み出し、また、どれだけのキャッシュを使用し、その結果としてキャッシュの残高がどれだけ変動したかを示すもので、財務諸表の1つとして位置付けられている。

　ここでいうキャッシュとは、現金（手許現金および要求払預金）および現金同等物（容易に換金可能であり、かつ、価値の変動についてわずかなリスクしか負わない短期の投資）をいう。

　会計上の損益と資金の収支は会計期間で区切れば、通常一致しない。いわゆる黒字倒産が多発したことから、キャッシュ・フローを重視するキャッシュ・フロー経営があらためて見直されるようになってきている。

　キャッシュ・フロー計算書では、企業が行う活動を営業活動、投資活動および財務活動に区分し、それぞれの活動ごとのキャッシュ・インフロー（資金の流入）とキャッシュ・アウトフロー（資金の流出）が対応表示される。

　営業活動によるキャッシュ・フローの区分の表示方法には直接法（営業収入や仕入といった、主要な取引ごとに表示する方法）と間接法（損益計算書の税引前当期純利益にいくつかの調整項目を加減する方法）の2つがあるが、実務では間接法を採用している企業が圧倒的に多い。

要 点

①キャッシュ・フロー計算書の意義
②収益・費用とキャッシュ・フローの相違
③キャッシュの範囲
④営業活動によるキャッシュ・フロー
⑤投資活動によるキャッシュ・フロー
⑥財務活動によるキャッシュ・フロー
⑦キャッシュ・フローの循環

キャッシュ・フロー計算書総論①

次の文章のうち、正しいものの個数を選びなさい。

- (ア) キャッシュ・フロー計算書は、財務諸表の1つとして位置付けられており、期末時点におけるキャッシュ・フローの状況を表示する計算書である。
- (イ) キャッシュ・フロー計算書は、営業活動によるキャッシュ・フロー、投資活動によるキャッシュ・フロー、財務活動によるキャッシュ・フローの3つの区分に分けて表示される。
- (ウ) キャッシュ・フロー計算書は、企業の債務返済能力および配当金支払能力を示すという役割が期待されている。
- (エ) キャッシュ・フロー計算書は、損益計算書に示される利益と資金の増減との関係を示すという役割が期待されている。

① 1つ　② 2つ　③ 3つ　④ 4つ　⑤ なし

解説

各選択肢を説明すると以下のようになる。

- (ア) キャッシュ・フロー計算書は、貸借対照表や損益計算書とともに財務諸表の1つとして位置付けられているが、一会計期間におけるキャッシュ・フローの状況を表示する計算書である。よって誤り。
- (イ) キャッシュ・フロー計算書は、営業活動によるキャッシュ・フロー、投資活動によるキャッシュ・フロー、財務活動によるキャッシュ・フローの区分に分けて表示される。よって正しい。
- (ウ) キャッシュ・フロー計算書は、企業の現金創出能力とともに、債務返済能力、配当金支払能力を示す役割が期待されている。よって正しい。
- (エ) キャッシュ・フロー計算書は、損益計算書に示される利益と資金の増減との関係を示すという役割が期待されている。よって正しい。

「キャッシュ・フロー計算書」は、一会計期間におけるキャッシュ・フローの状況を一定の活動区分別に表示するものであり、貸借対照表および損益計算書と同様に企業活動全体を対象とする重要な情報を提供する財務諸表である。

③　答解

問題 76 キャッシュ・フロー計算書総論②

次の文章について、正誤の組み合わせとして正しいものを選びなさい。

> (ア) 掛による商品の仕入および販売に関する収益・費用と収入・支出は、一定の期間で区切った場合通常一致しない。
>
> (イ) 現金による建物の取得といった有形固定資産の購入およびその後の使用に関する収益・費用と収入・支出は、一定の期間で区切った場合通常一致する。

① (ア)正 (イ)正
② (ア)正 (イ)誤
③ (ア)誤 (イ)正
④ (ア)誤 (イ)誤

解説

各選択肢を説明すると以下のようになる。

(ア) 期間損益計算（通常は1年間）では発生主義の原則、実現主義の原則、費用収益対応の原則が適用され、商品の受け渡しが行われた時点で収益・費用が計上される。また売掛金や買掛金による取引では実際の代金決済が行われるのは通常商品の受け渡しより後のタイミングとなる。よって正しい。

(イ) 通常長期間使用する有形固定資産の取得時には現金等の支出はなされるが費用は計上されず、費用は、その後に有形固定資産を使用することにより減価償却費として計上されるため、費用の計上は、支出のタイミングより後の期間に計上される。よって誤り。

② 答解

問題 77 キャッシュの範囲①

次の文章のうち、正しいものの個数を選びなさい。

ア．キャッシュ・フロー計算書でいう現金とは、手許現金に加えて当座預金・普通預金・通知預金などの要求払預金を指す。
イ．現金同等物とは、容易に換金可能であり、かつ価値の変動についてリスクが非常に小さい短期投資をいう。
ウ．市場性のある一時所有の株式、6ヵ月定期（ただし期末より満期日まで1ヵ月）は現金及び現金同等物の範囲に含まれない。
エ．現金同等物に何を含めているかについては、基準で定められている。
オ．キャッシュ・フロー計算書における現金及び現金同等物は、貸借対照表の現金および預金と必ず一致する。

① 1つ　② 2つ　③ 3つ　④ 4つ　⑤ なし

解説

ア．キャッシュ・フロー計算書でいう現金とは、手許現金に加えて当座預金・普通預金・通知預金などの要求払預金を指す。よって正しい。

イ．現金同等物とは、容易に換金可能であり、かつ価値の変動についてリスクが非常に小さい短期投資をいう。よって正しい。

ウ．市場性のある株式は時価の変動によるリスクがあるため、キャッシュに含めない。定期預金は取得日（預け入れ日）から満期日までの期間が3ヵ月以内のものをキャッシュに含めるのが一般的である。よって正しい。

エ．現金同等物に何を含めているかについては、経営者による判断に委ねられており、財務諸表の注記が必要になる。よって誤り。

オ．キャッシュ・フロー計算書における現金及び現金同等物は、貸借対照表の現金および預金と必ずしも一致しない。例えば取得日（預け入れ日）から満期日までの期間が6ヵ月の定期預金は現金および預金には含まれるが、現金及び現金同等物には含まれない。よって誤り。

問題 78　キャッシュの範囲②

次の資料により、キャッシュ・フロー計算書における現金及び現金同等物に該当する項目の合計金額を計算し、正しい数値を選びなさい。（金額単位：省略）

> 現金 300　通知預金 100　市場性のある株式 400　当座預金 150
> 普通預金 250　預入期間が1年の定期預金（満期日まで1ヵ月）200　売掛金 100

① 　700
② 　800
③ 1,000
④ 1,200
⑤ 1,500

解説

現金及び現金同等物＝現金（300）＋通知預金（100）＋当座預金（150）＋普通預金（250）＝（800）と計算される。

市場性のある株式、預入期間が1年の定期預金は満期日まで1ヵ月であっても、また売掛金については、現金及び現金同等物には含まれない。

なお、一般的に定期預金の場合、取得日から満期日または償還日までの期間が3ヵ月以内の短期投資の場合には、現金及び現金同等物に該当する。

「3ヵ月以内」という基準は、一般例であり、3ヵ月を超える金融商品であっても、経営者の判断により現金同等物に含められることもある。よって何を現金同等物に含めているか、財務諸表に注記される。

営業活動によるキャッシュ・フロー①

次の文章について、正誤の組み合わせとして正しいものを選びなさい。

(ア)　営業活動によるキャッシュ・フローは、本業の現金創出能力を示しており、営業活動によるキャッシュ・フローが継続的にプラスとなっている状況が長期間継続することは、企業経営上望ましいとされている。

(イ)　災害による保険金収入や損害賠償金の支払額は、営業活動によるキャッシュ・フローに含まれない。

---

① (ア)正　(イ)正
② (ア)正　(イ)誤
③ (ア)誤　(イ)正
④ (ア)誤　(イ)誤

解説

各文章を説明すると以下のようになる。

(ア)　現金創出能力とは、キャッシュ・インフローとキャッシュ・アウトフローの差額としてのキャッシュを増やす力がどの程度かを示すものであり、営業活動によるキャッシュ・フローは、本業における現金創出能力を示している。また継続的にプラスになっていることは経営上望ましい。よって正しい。

(イ)　営業活動とは、いわゆる本業の製商品売買やサービス提供に関連する諸活動を意味する。なお、投資活動および財務活動以外の活動によるキャッシュ・フローも営業活動の区分に含まれ、その例として、災害による保険金収入や損害賠償金の支払額、法人税等の支払額が挙げられ、小計以下に表示される。よって誤り。

解答　②

問題80　営業活動によるキャッシュ・フロー②

次の文章について、正誤の組み合わせとして正しいものを選びなさい。

> (ア)　営業活動によるキャッシュ・フローを主要な取引ごとに総額で表示する方法を直接法という。
>
> (イ)　営業活動によるキャッシュ・フローを間接法で表示すると期間損益とキャッシュ・フローの関係を明らかにすることができ、減価償却費は減算される。

① (ア)正　(イ)正
② (ア)正　(イ)誤
③ (ア)誤　(イ)正
④ (ア)誤　(イ)誤

解説

営業活動によるキャッシュ・フローの区分の表示方法には、直接法と間接法がある。各文章を説明すると以下のようになる。

(ア)　直接法とは、営業活動によるキャッシュ・フローを主要な取引ごとに総額で表示する方法である。直接法を用いれば、資金の流れを総額で把握することができる。よって正しい。

(イ)　間接法とは、損益計算書の税引前当期純利益にいくつかの調整項目を加減して営業活動によるキャッシュ・フローを表示する方法である。そのため、間接法では、資金の流れを総額で把握することはできないが、利益とキャッシュ・フローの関連を明らかにすることができる。

　　また、減価償却費は、税引前当期純利益の計算には含まれているが、現金及び現金同等物の変動を伴わない項目である。よって、減価償却費は損益計算書で費用として計上されていても現金流出はないので、税引前当期純利益に加える。よって誤り。

直接法と間接法のいずれを採用しても、営業活動によるキャッシュ・フローの金額は同じとなる。

解答　②

営業活動によるキャッシュ・フローの項目

次の資料により、営業活動によるキャッシュ・フローの金額を計算し、正しい数値を選びなさい。なお、△はキャッシュ・アウト（流出）を示している。（金額単位：省略）

> 営業収入 200　損害賠償金の支払額 50　法人税等の支払額 100
> 災害による保険金収入 150　長期借入れによる収入 100
> 人件費の支出 100　有形固定資産の取得による支出 200
> 利息および配当金の受取額 50　原材料又は商品の仕入による支出 50

① △100

② 　0

③ 　100

④ 　150

⑤ 　300

解説

それぞれのキャッシュ・フロー計算書の区分は以下のようになる（直接法）。

- 営業活動によるキャッシュ・フロー……営業収入、損害賠償金の支払額、法人税等の支払額、災害による保険金収入、人件費の支出、利息および配当金の受取額、原材料又は商品の仕入による支出
- 投資活動によるキャッシュ・フロー……有形固定資産の取得による支出
- 財務活動によるキャッシュ・フロー……長期借入れによる収入

よって、

営業収入(200)＋損害賠償金の支払額(△50)＋法人税等の支払額(△100)＋災害による保険金収入(150)＋人件費の支出(△100)＋利息および配当金の受取額(50)＋原材料又は商品の仕入による支出(△50)＝100

となる。

問題 82 投資活動によるキャッシュ・フローの項目①

次の資料により、投資活動によるキャッシュ・フローの金額を計算し、正しい数値を選びなさい。なお、△はキャッシュ・アウト（流出）を示している。（金額単位：省略）

投資有価証券の売却による収入 100　社債の償還による支出 50

減価償却費 100　有形固定資産の売却による収入 50

固定資産売却益 50　自己株式の取得による支出 50　貸付けによる支出 50

借入金の返済による支出 100

---

① △ 50

② 　0

③ 　50

④ 　100

⑤ 　150

解説

投資活動の区分とは、企業の営業能力を維持拡大するための設備投資、資金の運用を目的とした金融商品等の取得や売却、第三者に対する貸付けなどの諸活動を意味する。

投資活動による区分の情報から、将来の利益やキャッシュ・フローを生み出す適切な投資力などが判明する。

それぞれのキャッシュ・フロー計算書の区分は以下のようになる。

- 営業活動によるキャッシュ・フロー……減価償却費、固定資産売却益
- 投資活動によるキャッシュ・フロー……有形固定資産の売却による収入、投資有価証券の売却による収入、貸付けによる支出
- 財務活動によるキャッシュ・フロー……社債の償還による支出、自己株式の取得による支出、借入金の返済による支出

よって、投資活動によるキャッシュ・フローの金額は

有形固定資産の売却による収入（50）＋投資有価証券の売却による収入（100）＋

貸付けによる支出（△50）＝100

となる。

④　答解

投資活動によるキャッシュ・フローの項目②

次の項目のうち、投資活動によるキャッシュ・フローに該当するものの個数を選びなさい。

> ア．損害賠償金の支払額
> イ．株式の発行による収入
> ウ．投資有価証券の売却による収入
> エ．法人税等の支払額
> オ．貸付けによる支出
> カ．無形固定資産の取得による支出

① 1つ　② 2つ　③ 3つ　④ 4つ　⑤ なし

解説

各選択肢について説明すると以下のようになる。

ア．損害賠償金の支払額は営業活動によるキャッシュ・フローに分類される。

イ．株式の発行による収入は財務活動によるキャッシュ・フローに分類される。

ウ．投資有価証券の売却による収入は投資活動によるキャッシュ・フローに分類される。

エ．法人税等の支払額は営業活動によるキャッシュ・フローに分類される。

オ．貸付けによる支出は投資活動によるキャッシュ・フローに分類される。

カ．無形固定資産の取得による支出は投資活動によるキャッシュ・フローに分類される。なお有形固定資産も同様である。

よって該当する選択肢はウ、オ、カの3つ。

他に投資活動によるキャッシュ・フローに該当するものとして、定期預金の預入による支出、有価証券の取得による支出、有価証券の売却及び償還による収入などがある。

③ 答解

問題 84 財務活動によるキャッシュ・フローの項目

次の資料から財務活動によるキャッシュ・フローの金額を計算し、正しい数値を選びなさい。なお、△はキャッシュ・アウト(流出)を示している。(金額単位：省略)

> 自己株式の取得による支出 100　配当金の支払額 50　人件費の支出 100
> 長期借入金の返済による支出 200　貸付けによる支出 150
> 株式の発行による収入 150　有価証券の取得による支出 100
> 社債の発行による収入 50

① △450

② △350

③ △200

④ △150

⑤ △ 50

解説

財務活動の区分とは、企業経営に必要な借入・社債などの資金調達や、株主に対する配当金に関連する諸活動を意味する。

それぞれのキャッシュ・フロー計算書の区分は以下のようになる。

- 営業活動によるキャッシュ・フロー……人件費の支出
- 投資活動によるキャッシュ・フロー……貸付けによる支出、有価証券の取得による支出
- 財務活動によるキャッシュ・フロー……長期借入金の返済による支出、自己株式の取得による支出、配当金の支払額、株式の発行による収入、社債の発行による収入

よって、財務活動によるキャッシュ・フローの金額は自己株式の取得による支出(△100) + 配当金の支払額(△50) + 長期借入金の返済による支出(△200) + 株式の発行による収入(150) + 社債の発行による収入(50) = △150となる。

④　答解

キャッシュ・フローの増減パターン①

次の文章について、正誤の組み合わせとして正しいものを選びなさい。

> (ア) 営業活動によるキャッシュ・フローがマイナス、投資活動によるキャッシュ・フローがプラス、財務活動によるキャッシュ・フローがプラスの場合、投資活動と財務活動によって生み出したキャッシュを営業活動に充てていると判断でき、健全なキャッシュの増減パターンと考えられる。
>
> (イ) 営業活動によるキャッシュ・フローがプラス、投資活動によるキャッシュ・フローがプラス、財務活動によるキャッシュ・フローがマイナスの場合、営業活動と投資活動によって得たキャッシュを借入金の返済などの財務活動に充てていると判断でき、財務体質の改善に取り組んでいるパターンと考えられる。

① (ア)正 (イ)正
② (ア)正 (イ)誤
③ (ア)誤 (イ)正
④ (ア)誤 (イ)誤

解説

各文章を解説すると以下のようになる。

(ア)の場合には、本業によるキャッシュ・フローのマイナスを、投資活動と財務活動によって生み出したキャッシュで補っていると判断できる。そのため、この状況が続いた場合、営業活動の規模縮小や財務活動によって得たキャッシュの利息負担が重くなり、借入金の返済が厳しくなる可能性が高いと考えられる。そのため、健全なキャッシュの増減パターンとは考えにくい。よって誤り。

(イ)の場合には、本業と投資活動によって得たキャッシュを、借入金の返済などの財務活動に充てていると判断できる。そのため、負債を減らし財務体質の改善に取り組んでいると考えられる。よって正しい。

キャッシュ・フローの増減パターン②

次の文章について、正誤の組み合わせとして正しいものを選びなさい。

> (ア) 営業活動によるキャッシュ・フローがプラス、投資活動によるキャッシュ・フローがマイナス、財務活動によるキャッシュ・フローがプラスの場合、営業活動及び財務活動によって得たキャッシュ・フローを投資活動に投入していると判断できる。
>
> (イ) 営業活動によるキャッシュ・フローがマイナス、投資活動によるキャッシュ・フローがマイナス、財務活動によるキャッシュ・フローがプラスの場合、営業活動によるキャッシュ・フローがマイナスのため財務活動により調達した資金を投資活動に充てていると判断できる。

① (ア)正　(イ)正
② (ア)正　(イ)誤
③ (ア)誤　(イ)正
④ (ア)誤　(イ)誤

解説

各文章を説明すると以下のようになる。

(ア)の場合には、一般的には、健全な資金繰りの状況であり、積極的な投資を行っていることが考えられる。よって正しい。

(イ)の場合には、本業によるキャッシュ・フローがマイナスのため、財務活動を通じて調達したキャッシュで補っていると考えられる。資金繰りの観点からは十分に注意する必要がある。よって正しい。

　活動別のキャッシュ・フローの組み合わせは以下の8通りである。キャッシュ・フローをどの区分から得て、どの区分に利用されているかを理解することが重要である。

活動	①	②	③	④	⑤	⑥	⑦	⑧
営業	+	+	+	+	−	−	−	−
投資	+	−	+	−	+	−	+	−
財務	+	−	−	+	+	+	−	−

＊　＋はキャッシュ・フローがプラス、−はキャッシュ・フローがマイナスを表している。

① 解答

キャッシュ・フロー計算書①

次の資料より、空欄(ア)から(ウ)に当てはまる適切な数値を選びなさい。ただし、資料以外の項目は考慮しない。なお、金額単位は百万円とし、△はマイナスを意味する。

法人税等の支払額 200、借入れによる収入 100
貸付けによる支出 200、配当金の支払額 300
投資有価証券の売却による収入 200、営業収入 1,000
株式発行による収入 400、人件費の支出 300
有価証券の取得による支出 100

営業活動によるキャッシュ・フロー	
営業活動によるキャッシュ・フロー	(ア)
投資活動によるキャッシュ・フロー	
投資活動によるキャッシュ・フロー	?
財務活動によるキャッシュ・フロー	
財務活動によるキャッシュ・フロー	(イ)
現金及び現金同等物の増減額	?
現金及び現金同等物の期首残高	(ウ)
現金及び現金同等物の期末残高	700

① △500　② △300　③ △200　④ △100　⑤ 0
⑥ 100　⑦ 200　⑧ 300　⑨ 500

解説

それぞれの項目を活動別に分け、各項目を加減して活動ごとのキャッシュ・フローを求める。

次に各活動の集計により現金及び現金同等物の増減額が算定される。

営業活動によるキャッシュ・フロー(500)＋投資活動によるキャッシュ・フロー(△100)＋財務活動によるキャッシュ・フロー(200)＝600

よって、現金及び現金同等物の期末残高(700)から増加分(600)を控除することにより期首残高(100)となる。

空欄を埋めると次のようになる。

（単位：百万円）

営業活動によるキャッシュ・フロー	
営業収入	1,000
人件費の支出	△300
小計	700
法人税等の支払額	△200
営業活動によるキャッシュ・フロー	(ア 500)
投資活動によるキャッシュ・フロー	
有価証券の取得による支出	△100
投資有価証券の売却による収入	200
貸付けによる支出	△200
投資活動によるキャッシュ・フロー	△100
財務活動によるキャッシュ・フロー	
株式発行による収入	400
借入れによる収入	100
配当金の支払額	△300
財務活動によるキャッシュ・フロー	(イ 200)
現金及び現金同等物の増減額	600
現金及び現金同等物の期首残高	(ウ 100)
現金及び現金同等物の期末残高	700

解答　⑥(イ)　⑦(ウ)　⑨(ア)

キャッシュ・フロー計算書②

キャッシュ・フロー計算書について、空欄(ア)から(ウ)に当てはまる数値の適切な組み合わせを選びなさい。なお金額単位は百万円とし、△はマイナスを意味する。

営業活動によるキャッシュ・フロー	
営業活動によるキャッシュ・フロー	（　ア　）
投資活動によるキャッシュ・フロー	
投資活動によるキャッシュ・フロー	△4,000
財務活動によるキャッシュ・フロー	
財務活動によるキャッシュ・フロー	△1,000
現金及び現金同等物の増減額	（　イ　）
現金及び現金同等物の期首残高	4,000
現金及び現金同等物の期末残高	（　ウ　）

① (ア)6,000　(イ)1,000　(ウ)5,000

② (ア)6,000　(イ)2,000　(ウ)4,000

③ (ア)6,000　(イ)1,000　(ウ)4,000

④ (ア)7,000　(イ)2,000　(ウ)5,000

解説

キャッシュ・フロー計算書は、以下の2つの式が成り立っている。

現金及び現金同等物の増減額＝営業活動によるキャッシュ・フロー＋投資活動によるキャッシュ・フロー＋財務活動によるキャッシュ・フロー

現金及び現金同等物の期末残高＝現金及び現金同等物の期首残高＋現金及び現金同等物の増減額

まず選択肢の中の(ア)の数値を入れ(イ)を計算すると、①1,000、②1,000、③1,000、④2,000となり(ア)と(イ)が整合する①、③、④の組み合わせが残る。

次に(イ)の数値をもとに(ウ)を計算すると、①5,000、③5,000、④6,000となり、①、③、④の選択肢の中で上記2つの式を両方ともに満たしているのは、①の組み合わせのみであるから、①が正解となる。

（単位：百万円）

営業活動によるキャッシュ・フロー	
営業活動によるキャッシュ・フロー	（ア　6,000）
投資活動によるキャッシュ・フロー	
投資活動によるキャッシュ・フロー	△4,000
財務活動によるキャッシュ・フロー	
財務活動によるキャッシュ・フロー	△1,000
現金及び現金同等物の増減額	（イ　1,000）
現金及び現金同等物の期首残高	4,000
現金及び現金同等物の期末残高	（ウ　5,000）

① 　解正

キャッシュ・フロー計算書の総合問題

キャッシュ・フロー計算書について、空欄(ア)から(シ)に当てはまる適切な語句および数値を選びなさい。なお、金額単位は百万円とし、△はマイナスを意味する。

（　ア　）によるキャッシュ・フロー	
営業収入	（　　ケ　　）
（　エ　）	△　40,000
小計	80,000
（　オ　）	（　　コ　　）
（　ア　）によるキャッシュ・フロー	50,000
（　イ　）によるキャッシュ・フロー	
固定資産の取得による支出	△　20,000
（　イ　）によるキャッシュ・フロー	△　20,000
（　ウ　）によるキャッシュ・フロー	
（　カ　）	△　10,000
（　ウ　）によるキャッシュ・フロー	△　10,000
現金及び現金同等物の増減額	（　　サ　　）
現金及び現金同等物の（　キ　）残高	30,000
現金及び現金同等物の（　ク　）残高	（　　シ　　）

① 財務活動　② 事業活動　③ 営業活動　④ 投資活動
⑤ 貸付けによる支出　⑥ 災害による保険金収入
⑦ 人件費の支出　⑧ 自己株式の取得による支出
⑨ 法人税等の支払額　⑩ 期首　⑪ 期中　⑫ 期末　⑬ △50,000
⑭ △30,000　⑮ △20,000　⑯ △10,000　⑰ 0　⑱ 10,000　⑲ 20,000
⑳ 30,000　㉑ 50,000　㉒ 120,000　㉓ 130,000

解説

キャッシュ・フロー計算書を直接法で作成すると以下のようになる。

(単位：百万円)

（ア 営業活動）によるキャッシュ・フロー	
営業収入	（ケ　120,000）
（エ 人件費の支出）	△　40,000
小計	80,000
（オ 法人税等の支払額）	（コ △　30,000）
（ア 営業活動）によるキャッシュ・フロー	50,000
（イ 投資活動）によるキャッシュ・フロー	
固定資産の取得による支出	△　20,000
（イ 投資活動）によるキャッシュ・フロー	△　20,000
（ウ 財務活動）によるキャッシュ・フロー	
（カ 自己株式の取得による支出）	△　10,000
（ウ 財務活動）によるキャッシュ・フロー	△　10,000
現金及び現金同等物の増減額	（サ　20,000）
現金及び現金同等物の（キ 期首）残高	30,000
現金及び現金同等物の（ク 期末）残高	（シ　50,000）

　なお、営業活動によるキャッシュ・フローの小計以下に表示する項目としては、「災害による保険金収入」と「法人税等の支払額」が考えられるが、㈡を計算すると △ 30,000となっており、支出項目が入るため、「法人税等の支払額」が適切とわかる。「貸付けによる支出」は投資活動であるが、すでに項目が決まっているので該当しない。

第 5 章

財務諸表分析

要 約

　財務諸表分析とは、財務諸表を使って企業の状況を分析するための理論・技法である。

　財務諸表分析には、利害関係者の立場の違いによって関心が異なるため、収益性の分析、安全性の分析、1株当たり分析、1人当たり分析等さまざまなものがある。ここでは企業の全般的な状況を把握するための基本的な指標とその意味について学習する。

　企業の良否を判断するためには、分析した結果を判断する必要がある。

　すなわち、財務諸表を使って収益性の分析、安全性の分析等を行い、その分析結果をもとに同業他社との比較や前年度との比較を行うことによって初めて企業の良否を判断できるのである。

　財務諸表分析は分析指標の算定式を単に暗記するのではなく、各指標の示す意味を理解し、どの場面でどの指標を使用するのが効果的であるのかを理解できて初めて実務でも役に立つということに注意する必要がある。

要 点

①分析主体と分析情報
②定量情報と定性情報
③分析手法
④構成比率分析
⑤成長性および伸び率の分析
⑥安全性の分析
⑦キャッシュ・フロー情報の利用
⑧収益性の分析
⑨1株当たり分析
⑩1人当たり分析

利害関係者

利害関係者に関する次の文章のうち、正しいものの個数を選びなさい。

ア．株主や投資家の関心事はキャピタルゲインである値上がり益やインカムゲインである配当金が中心である。
イ．社債権者や金融機関は元本や利息に関心が向く。
ウ．会社で働く従業員は利害関係者に該当しない。
エ．国や地方自治体は徴税のための税金支払能力（担税力）に注目している。

① 1つ
② 2つ
③ 3つ
④ 4つ

解説

利害関係者にはそれぞれ立場や目的に相違があるため、財務諸表分析を行うにあたって重視するポイントが異なっている。

経営者は企業内部の立場から、投下資本から最大の利潤を獲得することを目的とするため、収益性、安全性、生産性、成長性を総合的に分析する。

株主や投資家は企業外部の立場から、投下元本以上のリターンを獲得するため、企業の将来性を重視した分析、すなわち収益性の分析に重きを置く。

金融機関・社債権者は債権者の立場から、元本の返済と利子支払能力の判定を目的とするため、短期的には安全性（流動性）を長期的には収益性の分析に重きを置く。

その他、監査人・地域住民・税務当局（国や地方自治体）・従業員なども利害関係者（ステークホルダー）として、財務諸表分析を行うことになる。

以上よりア・イ・エは正しい。

ウ．従業員は企業の利益、給与等の情報に関心がある。

問題 91 分析主体と定量情報・定性情報

次の文章のうち、正しいものの個数を選びなさい。

ア．定性情報でも数値で表現される場合がある。

イ．従業員の平均年齢、従業員数、販売数量、生産数量は定量情報である。

ウ．定性情報は財務諸表分析では必要とされない。

エ．財務諸表分析を行うにあたり、内部関係者と外部関係者では入手できる情報は同じである。

オ．財務諸表は終了した年度末および終了した年度の情報である。

---

① 1つ
② 2つ
③ 3つ
④ 4つ
⑤ 5つ

解説

各選択肢を説明すると以下のようになる。

ア．数値で表現できない情報が定性情報である。よって誤り。

イ．正しい。

ウ．財務諸表分析にあたって、企業情報の解釈を充実したものにするためには、分析対象企業についてできるだけ詳しく知っておくことが望まれるため、定性情報を入手することも重要となる。よって誤り。

エ．財務諸表分析を行うにあたり、内部関係者と外部関係者では入手できる情報は異なる。よって誤り。

　　また、企業機密の情報等は経営トップのごく限られた者にしか共有されないなど、内部関係者の間でも入手できる情報は経営者と従業員では異なり、このような当事者間で有する情報に格差があることを情報の非対称性という。

オ．財務諸表は、終了した年度末および終了した年度の情報であり、正しい。

　　しかし、例えば、引当金のような将来事象についても一定の条件を満たした場合に限り、会計上認識されるなど部分的には将来を見込んだ情報も織り込まれている。

解答　②

定量情報と定性情報

次の文章の空欄(ア)から(ウ)に当てはまる語句の適切な組み合わせを選びなさい。

　企業情報には、数値として表現できる量的な情報である定量情報と、数値では表現しにくい質的な情報である定性情報がある。後者の具体例としては(ア)が挙げられる。財務諸表分析で主な対象となるものは(イ)である。財務諸表は、(ウ)で統合された(イ)である。

---

① (ア)技術力　　(イ)定性情報　　(ウ)比率
② (ア)従業員数　(イ)定性情報　　(ウ)金額値
③ (ア)従業員数　(イ)定量情報　　(ウ)比率
④ (ア)技術力　　(イ)定量情報　　(ウ)金額値

解説

　問題文に適切な語句を入れると以下のようになる。

　企業情報には、数値として表現できる量的な情報である定量情報と、数値では表現しにくい質的な情報である定性情報がある。後者の具体例としては（ア　技術力）が挙げられる。財務諸表分析で主な対象となるものは（イ　定量情報）である。財務諸表は、（ウ　金額値）で統合された（イ　定量情報）である。

　財務諸表分析で主な対象となるものは定量情報である。しかし、企業情報の解釈を充実したものにするためには、公表された財務諸表などの定量情報だけではなく、企業の独自性や今後の方向性に関する情報である定性情報もあわせて入手し解釈を深めることも重要となる。

　従業員数は数値で表現できる情報であるため、定量情報に該当する。

④ 　答解

問題 93 分析手法と分析結果

次の文章について、正しいものの適切な組み合わせを選びなさい。

ア．実際数値や比率を期間等と比較して評価検討する方法を比較法という。
イ．売上高経常利益率は実数法に基づく指標である。
ウ．財務諸表分析により得られた分析指標の良否の判断基準には、絶対基準と相対基準がある。
エ．絶対基準による比較の方法には標準指標との比較、他社指標との比較、時系列比較などがある。

① アイ
② アウ
③ イウ
④ イエ
⑤ ウエ

解説

　会計数値を用いる分析手法にはさまざまなものがあるが、主なものは以下のとおりである。

　実数法（企業における実際の数値によって分析を行う）と比率法（企業における実際の数値を利用して、比率を算出し分析検討する）がある。

　単一法（実際数値や比率をそれのみで評価検討する）と比較法（実際数値や比率を期間等と比較し評価検討する）もある。

　財務分析においては比較法が中心であるが、実際は上記を組み合わせて分析していくことになる。例えば、実数法によって算出された結果を比較法によって検討するなどである。

　財務諸表分析により得られた分析指標の良否の判断基準として、絶対基準とは、例えば200％以上ならば良い、200％未満なら悪いというように固定的な特定の判断基準をいう。他方、相対基準とは、何らかの比較対象値を指標の判断にあたって標準値あるいは基準値とし、それと比べて分析指標の良否を判断する基準をいい、比較基準ともいう。

　従来は固定的な基準も基準値としての意味はあったが、現在では分析指標は業種・規模などに応じて企業の財務状況は異なり、また、景気の影響も受けることから相対

基準による比較判断が主に行われる。

標準指標との比較とは、各種の機関が公表している業種別、産業別指標などを基準値として、それとの比較で分析対象企業の指標の良否を判断する方法である。

他社指標との比較とは、他社の財務諸表を分析した数値を基準として比較し、分析対象企業の指標の良否を判断する方法である。

時系列比較とは、1つの会社について数期間にわたっていくつかの指標を算定し、指標の年度間の比較により改善傾向にあるか悪化傾向にあるかを判断する方法である。

各選択肢に説明を加えると以下のようになる。

ア．実際数値や比率を期間等と比較して評価検討する方法は比較法である。よって正しい。

イ．売上高経常利益率は、売上高に対する経常利益の割合であるので、比率法に基づく指標である。よって誤り。

ウ．財務諸表分析により得られた分析指標の良否の判断基準には、絶対基準と相対基準がある。よって正しい。

エ．標準指標との比較、他社指標との比較、時系列比較などは相対基準による比較の方法である。よって誤り。

問題 94 財務諸表分析総論

財務諸表分析に関する次の文章のうち、正しいものの個数を選びなさい。

ア．粗利益率は売上高売上総利益率ともいわれる。
イ．対基準年度比率は常にパーセントで表現される。
ウ．財務諸表の数値による分析の指標がマイナスとなることはない。
エ．貸借対照表構成比率は、貸借対照表各項目の金額を純資産の金額で割って、パーセントで表現した単表分析の指標である。
オ．ヒト・モノ・カネの投入量に対する生産量の割合を収益性という。

① 1つ
② 2つ
③ 3つ
④ 4つ
⑤ 5つ

解説

各選択肢について説明を加えると以下のとおりである。

ア．粗利益率は本業（仕入や生産活動）の売上高から売上原価を引いた利益のことをいい売上高売上総利益率ともいわれる。よって正しい。

イ．比率はパーセントで表すことを意味している。よって正しい。

ウ．正味運転資本やフリー・キャッシュ・フローなど、分析指標がマイナス値になることがある指標もある。よって誤り。

エ．貸借対照表構成比率は、貸借対照表各項目の金額を資産合計（＝負債・純資産合計）の金額で割って、パーセントで表現した単表分析の指標である。よって誤り。単表分析とは、財務諸表のうち単一の計算書かつ単一期間の計算書を対象とする方法である。一方、複表分析は、複数の計算書の数値を組み合わせて分析する。

オ．ヒト・モノ・カネの投入量に対する生産量の割合を生産性という。よって誤り。

解答 ②

構成比率分析①

次の貸借対照表（一部）の空欄(ア)から(ウ)に当てはまる数値の適切な組み合わせを選びなさい。

	金額（百万円）	構成比率（%）
（負債の部）	1,100	
流動負債	540	
固定負債	?	(ア)
（純資産の部）	?	
株主資本	756	(イ)
評価・換算差額等	144	(ウ)
負債・純資産合計	?	100

① (ア) 56　(イ) 37.8　(ウ) 16

② (ア) 28　(イ) 37.8　(ウ) 7.2

③ (ア) 27　(イ) 43.2　(ウ) 7.2

④ (ア) 28　(イ) 37.8　(ウ) 16

⑤ (ア) 103.7　(イ) 54　(ウ) 7.2

解説

構成比率を算定すると以下のようになる。負債・純資産合計は2,000と算定される。

	金額（百万円）	構成比率（%）	
（負債の部）	1,100		
流動負債	540		
固定負債	560	(ア　28)	$560 \div 2,000 = 0.28$
（純資産の部）	900		
株主資本	756	(イ　37.8)	$756 \div 2,000 = 0.378$
評価・換算差額等	144	(ウ　7.2)	$144 \div 2,000 = 0.072$
負債・純資産合計	2,000	100	

なお、貸借対照表項目のパーセント表示は、一般に貸借対照表構成比率と呼ばれ、貸借対照表の各項目の金額を資産合計または負債純資産合計の金額で割って、百分比（パーセント）で表現するものであり、百分比貸借対照表とも呼ばれる。

問題 96 構成比率分析②

次の文章の空欄(ア)から(ウ)に当てはまる語句の適切な組み合わせを選びなさい。

> 貸借対照表の総資産が800百万円あり貸借対照表構成比率を計算したところ、流動資産が60%、売上債権が30%、固定資産が？%、固定負債が20%、純資産が45%のとき、流動資産の金額は(ア)百万円、固定資産の金額は320百万円、流動負債の金額は(イ)百万円、純資産の金額は(ウ)百万円となる。また、流動負債の金額の50%、(エ)百万円は仕入債務で構成されていた。

① (ア)480 (イ)360 (ウ)280 (エ)180
② (ア)280 (イ)480 (ウ)360 (エ)240
③ (ア)280 (イ)360 (ウ)160 (エ)180
④ (ア)480 (イ)280 (ウ)360 (エ)140

解説

各指標を算定すると以下のようになる。

固定資産の構成比率＝固定資産の金額320百万円÷総資産800百万円＝40%

流動資産の金額＝総資産800百万円×60%＝480百万円(ア)

売上債権の金額＝総資産800百万円×30%＝240百万円

流動負債の構成比率＝100%－固定負債20%－純資産45%＝35%

流動負債の金額＝総資産800百万円×35%＝280百万円(イ)

純資産の金額＝総資産800百万円×45%＝360百万円(ウ)

仕入債務の金額＝流動負債280百万円×50%＝140百万円(エ)

問題文に適切な語句を入れると以下のようになる。

貸借対照表の総資産が800百万円あり貸借対照表構成比率を計算したところ、流動資産が60%、売上債権が30%、固定資産が40%、固定負債が20%、純資産が45%のとき、流動資産の金額は（ア 480）百万円、固定資産の金額は320百万円、流動負債の金額は（イ 280）百万円、純資産の金額は（ウ 360）百万円となる。また、流動負債の金額の50%、（エ 140）百万円は仕入債務で構成されていた。

なお、売上債権とは、貸借対照表において売掛金や、電子記録債権などの合計額のことをいい、仕入債務は電子記録債務や買掛金などの合計額のことをいう。

④ 答解

百分比分析①

次の文章の空欄(ア)から(ウ)に当てはまる数値の適切な組み合わせを選びなさい。

売上高4,800百万円、売上原価2,880百万円、販売費及び一般管理費1,200百万円、営業外収益96百万円、営業外費用336百万円が損益計算書に計上されているとき、損益計算書百分比を求めると、売上原価率は(ア)%、営業利益率は(イ)%、経常利益率は(ウ)%である。ただし売上高を100%とする。

① (ア)40　(イ)15　(ウ)12
② (ア)60　(イ)24　(ウ)12
③ (ア)40　(イ)24　(ウ)10
④ (ア)60　(イ)15　(ウ)10

解説

各百分比を算出すると以下のようになる。

(ア) 売上原価率 $= \dfrac{\text{売上原価}}{\text{売上高}} = \dfrac{2,880}{4,800} = 60\%$

なお、売上総利益率は1−売上原価率＝100％−60％＝40％となる。

(イ) 営業利益率 $= \dfrac{\text{営業利益}}{\text{売上高}} = \dfrac{720}{4,800} = 15\%$

なお、営業利益＝売上高−売上原価−販売費及び一般管理費＝4,800−2,880−1,200＝720と計算される。

(ウ) 経常利益率 $= \dfrac{\text{経常利益}}{\text{売上高}} = \dfrac{720+96-336}{4,800} = 10\%$

なお、経常利益＝営業利益＋営業外収益−営業外費用である。

解答　④

問題
98

百分比分析②

次の文章について、正誤の組み合わせとして正しいものを選びなさい。

(ア) 売上高営業利益率は売上高経常利益率より小さくなることもある。

(イ) 営業外収益が計上されている場合、売上高営業利益率より、売上高経常利益率は常に大きくなる。

① (ア)正　(イ)正
② (ア)正　(イ)誤
③ (ア)誤　(イ)正
④ (ア)誤　(イ)誤

解説

各選択肢を説明すると以下のようになる。

(ア) 営業利益＋営業外収益－営業外費用＝経常利益であるので、営業外収益と営業外費用の大小により営業利益≧経常利益にも、営業利益≦経常利益にもなりうる。

$$売上高営業利益率＝\frac{営業利益}{売上高}、\ 売上高経常利益率＝\frac{経常利益}{売上高}$$

そのため、営業利益＞経常利益の場合には、売上高営業利益率＞売上高経常利益率となり、反対に営業利益＜経常利益の場合には、売上高営業利益率＜売上高経常利益率となる。よって正しい。

(イ) 営業利益＋営業外収益－営業外費用＝経常利益であるので、営業外収益＜営業外費用の場合には、営業利益＞経常利益となる。よって誤り。

百分比分析③

〈資料1〉および〈資料2〉により、【問1】と【問2】の設問に答えなさい。

〈資料1〉A社およびB社の損益計算書（一部抜粋）

損益計算書（一部抜粋）		（百万円）
	A社	B社
売上高	5,000	8,000
売上原価	（　　　）	6,000
売上総利益	1,750	2,000
販売費及び一般管理費	1,250	（　　　）
営業利益	500	600

〈資料2〉業界の平均値
売上高売上原価率 70%　売上高販売費及び一般管理費率 20%

【問1】次の各指標の組み合わせとして、正しいものを選びなさい。
①売上高売上原価率　A社70%　B社75%

　売上高販売費及び一般管理費率　A社20%　B社20%

②売上高売上原価率　A社65%　B社75%

　売上高販売費及び一般管理費率　A社25%　B社17.5%

③売上高売上原価率　A社75%　B社65%

　売上高販売費及び一般管理費率　A社17.5%　B社25%

④売上高売上原価率　A社65%　B社75%

　売上高販売費及び一般管理費率　A社25%　B社20%

【問2】次の文章について、正誤の組み合わせとして正しいものを選びなさい。

㋐　A社の売上高売上原価率は業界平均値よりも高いため、商品の仕入過程や製造過程の見直しが必要となる。

㋑　売上高販売費及び一般管理費率についてA社はB社および業界平均値と比較しても高く、費用効率が悪い。

① ㋐正　㋑正

② ㋐正　㋑誤

③ ㋐誤　㋑正

④ ㋐誤　㋑誤

解説

【問1】

それぞれ算出すると、以下のとおりとなる。

$$売上高売上原価率 = \frac{売上原価}{売上高}$$

A社 $\dfrac{5,000 - 1,750}{5,000} = 65\%$

B社 $\dfrac{6,000}{8,000} = 75\%$

$$売上高販売費及び一般管理費率 = \frac{販売費及び一般管理費}{売上高}$$

A社 $\dfrac{1,250}{5,000} = 25\%$

B社 $\dfrac{2,000 - 600}{8,000} = 17.5\%$

【問2】

⑺ 【問1】で算定したとおり、A社の売上高売上原価率は業界平均値70%より低い。よって誤り。

⑷ 【問1】で算定したとおり、売上高販売費及び一般管理費率はA社（25%）の方がB社（17.5%）より高く、また業界平均値20%よりも高い。よって正しい。

趨勢分析①

損益計算書に関する次の文章について、正誤の組み合わせとして正しいものを選びなさい。なお、金額単位は百万円とする。

損益計算書	X1年度		X2年度	
	金額	百分比（%）	金額	百分比（%）
売上高	7,000	?	8,400	?
売上原価	?	65.0%	6,370	?
売上総利益	2,450	?	?	?
販売費及び一般管理費	?	26.0%	1,820	?
営業利益	630	9.0%	?	?

(ア) X1年度の売上総利益率（粗利率）は35%である。

(イ) X1年度からX2年度にかけて、営業利益率は改善した。

① (ア)正 (イ)正   ② (ア)正 (イ)誤   ③ (ア)誤 (イ)正   ④ (ア)誤 (イ)誤

解説

損益計算書の金額、百分比率および伸び率を計算すると、以下のようになる。

損益計算書	X1年度		X2年度		伸び率（%）
	金額	百分比(%)	金額	百分比(%)	
売上高	7,000	100.0%	8,400	(100%)	20.0%
売上原価	(4,550)	65.0%	6,370	(75.8%)	40.0%
売上総利益	2,450	35.0%	(2,030)	(24.2%)	−17.1%
販売費及び一般管理費	(1,820)	26.0%	1,820	(21.7%)	0.0%
営業利益	630	9.0%	(210)	(2.5%)	−66.7%

(ア) X1年度の売上総利益率（粗利率）は35%となるため、正しい（X1年度売上総利益2,450百万円÷X1年度売上高7,000百万円＝35%）。

(イ) 営業利益率（X2年度 − X1年度）2.5% − 9.0% ＝ −6.5%となり、マイナスゆえ悪化している。よって誤り。

百分比損益計算書は、損益計算書の各項目の金額を売上高（売上収益または営業収益）の金額で割って、百分比（パーセント）で表現するものである。

② 　答解

問題 101 趨勢分析②

X2年度の売上高が500百万円、売上原価が300百万円、営業利益が80百万円、X3年度の売上高が600百万円、売上原価が330百万円、営業利益が120百万円のとき、X2年度からX3年度への伸び率に関する次の文章のうち、誤っているものを選びなさい。

① 売上原価の伸び率は営業利益の伸び率より小さい。
② 販売費及び一般管理費の伸び率は25%である。
③ 売上総利益の伸び率よりも売上原価の伸び率の方が小さい。
④ 売上高の伸び率は20%である。
⑤ X3年度の売上高がその後3年間10%の伸びを継続したとすると、X6年度の売上高は800百万円を超える。

解説

各選択肢の項目を算定すると以下のようになる。

① 売上原価の伸び率 $= \dfrac{\text{X3年度の売上原価}}{\text{X2年度の売上原価}} - 1 = \dfrac{330}{300} - 1 = 1.1 - 1 = 0.1$（10%）

売上原価の伸び率 $= \dfrac{\text{X3年度の営業利益}}{\text{X2年度の営業利益}} - 1 = \dfrac{120}{80} - 1 = 1.5 - 1 = 0.5$（50%）

よって正しい。

② 販売費及び一般管理費の伸び率 $= \dfrac{\text{X3年度の販売費及び一般管理費}}{\text{X2年度の販売費及び一般管理費}} - 1$

$= \dfrac{600 - 330 - 120}{500 - 300 - 80} - 1 = 1.25 - 1 = 0.25$（25%）　よって正しい。

③ 売上総利益の伸び率 $= \dfrac{\text{X3年度の売上総利益}}{\text{X2年度の売上総利益}} - 1$

$= \dfrac{600 - 330}{500 - 300} - 1 = 1.35 - 1 = 0.35$（35%）

売上原価の伸び率は①より10%である。よって正しい。

④ 売上高の伸び率 $= \dfrac{\text{X3年度の売上高}}{\text{X2年度の売上高}} - 1 = \dfrac{600}{500} - 1 = 1.2 - 1 = 0.2$（20%）

よって正しい。

⑤ X6年度の売上高 $=$ X3年度の売上高600百万円 $\times 1.1 \times 1.1 \times 1.1 = 798.6$百万円

よって誤り。

⑨　解答

趨勢分析③

4年間の財務諸表の主要数値により、【問1】から【問5】の設問に答えなさい。
なお、小数点以下は四捨五入する。

(単位：億円)

	X1年度	X2年度	X3年度	X4年度
総資産	7,500	8,250	7,200	7,500
純資産	2,000	2,400	2,160	2,000
売上高	8,000	8,800	7,500	8,400
営業利益	800	760	650	750
経常利益	400	390	350	420
当期純利益	200	190	150	300

【問1】　X4年度の総資産の前年度比率は何％か。

【問2】　X3年度の純資産の前年度比率は何％か。

【問3】　X4年度の売上高の対X1年度基準比率は何％か。

【問4】　経常利益の対前年度比率が最も高いのはいつか。

【問5】　当期純利益で対X1年度基準比率が最も高いのはいつか。

① X1年度　② X2年度　③ X3年度　④ X4年度
⑤ △5　⑥ 0　⑦ 10　⑧ 20　⑨ 90　⑩ 104　⑪ 105　⑫ 120

解説

それぞれの数値を算出すると以下のようになる（小数点以下四捨五入）。

【問1】　$\dfrac{7,500}{7,200} = 104\%$

【問2】　$\dfrac{2,160}{2,400} = 90\%$

【問3】　$\dfrac{8,400}{8,000} = 105\%$

【問4】　X2年度　98％、X3年度　90％、X4年度　120％

【問5】　X2年度　95％、X3年度　75％、X4年度　150％

趨勢分析④

次の文章の空欄(ア)から(エ)に当てはまる数値の適切な組み合わせを選びなさい。

> X1年度の売上高が400百万円、営業利益率が30%、X2年度の売上高が560百万円、営業利益率が37.5%のとき、売上高の対前年度比率は(ア)%、売上高の対前年度伸び率は(イ)%、営業利益の対前年度比率は(ウ)%、営業利益の対前年度伸び率は(エ)%となる。

① (ア) 71.4　(イ) 140　(ウ) 57.1　(エ) 175

② (ア) 71.4　(イ) 40　(ウ) 57.1　(エ) 75

③ (ア) 140　(イ) 40　(ウ) 175　(エ) 75

④ (ア) 140　(イ) 28.6　(ウ) 175　(エ) 42.9

⑤ (ア) 140　(イ) 40　(ウ) 75　(エ) 175

解説

各指標を算定すると以下のようになる。

(ア)売上高の対前年度比率 $= \dfrac{560百万円}{400百万円} = 140\%$

(イ)売上高の対前年度伸び率 $= \dfrac{560百万円 - 400百万円}{400百万円} = 40\%$

(ウ)営業利益の対前年度比率 $= \dfrac{210百万円}{120百万円} = 175\%$

　　X1年度の営業利益 $=$ 売上高400百万円 $\times 30\% = 120$百万円

　　X2年度の営業利益 $=$ 売上高560百万円 $\times 37.5\% = 210$百万円

(エ)営業利益の対前年度伸び率 $= \dfrac{210百万円 - 120百万円}{120百万円} = 75\%$

問題文に適切な語句を入れると以下のようになる。

X1年度の売上高が400百万円、営業利益率が30%、X2年度の売上高が560百万円、営業利益率が37.5%のとき、売上高の対前年度比率は（ア 140）%、売上高の対前年度伸び率は（イ 40）%、営業利益の対前年度比率は（ウ 175）%、営業利益の対前年度伸び率は（エ 75）%となる。

Ⓔ　解答⑤

安全性の分析①

次の文章のうち、正しいものの個数を選びなさい。

ア．流動比率とは、総資産に対する流動資産の割合のことである。

イ．支払い手段としての流動性を示す手元流動性は、現金及び預金に有価証券と投資有価証券を加えたものである。

ウ．棚卸資産を保有している場合、当座比率は、流動比率より小さくなる。

エ．流動比率が100%未満の場合には、短期的な支払いのバランスの視点から望ましくはない。

---

① 1つ
② 2つ
③ 3つ
④ 4つ
⑤ なし

解説

各選択肢に説明を加えると以下のようになる。

ア．流動比率とは、流動負債に対する流動資産の割合のことである。よって誤り。

イ．手元流動性＝現金及び預金＋有価証券である。投資有価証券は含まれない。よって誤り。

ウ．流動比率、当座比率は以下の計算式で算定される。

流動比率＝流動資産÷流動負債

当座比率＝（流動資産−棚卸資産）÷流動負債

従って、棚卸資産を保有する場合には、当座比率は、流動比率よりも小さくなる。よって正しい。

エ．流動比率が100%未満の場合には、短期的な支払いのバランスの視点から、短期的に支払う金額に対する十分な資産を有していないため、望ましくはない。よって正しい。

安全性の分析とは、企業の支払能力や財務的な安定性を評価する分析である。

安全性の分析②

問題 105

次の文章について、正誤の組み合わせとして正しいものを選びなさい。なお自己資本を純資産とみなす。（金額単位：省略）

A社貸借対照表（一部抜粋）			B社貸借対照表（一部抜粋）		
	純資産	2,300		純資産	2,200
総資産	5,500	負債·純資産 5,500	総資産	4,800	負債·純資産 4,800

(ア)　自己資本比率は、財政状態が短期的に安定しているかどうかという視点からの指標である。

(イ)　A社と比較してB社の方が自己資本比率が高い。

① (ア)正　(イ)正
② (ア)正　(イ)誤
③ (ア)誤　(イ)正
④ (ア)誤　(イ)誤

解説

各選択肢に説明を加えると以下のようになる。

(ア)　自己資本比率は、財政状態が長期的に安定しているかどうかという視点からの指標である。よって誤り。

(イ)　自己資本比率は、以下のとおり。

A社：自己資本2,300÷総資産5,500＝41.8％

B社：自己資本2,200÷総資産4,800＝45.8％

よって正しい。

③　答稱

安全性の分析③

次の資料により、正誤の組み合わせとして正しいものを選びなさい。貸借対照表はここに記載されている区分だけで構成されているものとし、純資産は自己資本とみなす。なお（　）は各自で計算すること。

X社の貸借対照表		Y社の貸借対照表		（単位：百万円）
流動資産	1,200	流動資産	（　　　）	
固定資産	1,800	固定資産	5,200	
流動負債	（　　　）	流動負債	1,600	
固定負債	1,300	固定負債	4,000	
純資産	900	純資産	1,760	

(ア)　流動比率を計算するとX社の方がY社よりも低い。

(イ)　正味運転資本を計算するとX社の方がY社よりも小さい。

① (ア)正　(イ)正
② (ア)正　(イ)誤
③ (ア)誤　(イ)正
④ (ア)誤　(イ)誤

解説

X社の流動負債は800（＝1,200＋1,800－1,300－900）と算定される。

Y社の流動資産は2,160（＝1,600＋4,000＋1,760－5,200）と算定される。

これをもとに各項目を計算すると以下のとおりである。

(ア)　流動比率＝流動資産÷流動負債であるので、

　　X社は1,200÷800＝150％、

　　Y社は2,160÷1,600＝135％となる。よって誤り。

(イ)　正味運転資本＝流動資産－流動負債であるので、

　　X社は1,200－800＝400、

　　Y社は2,160－1,600＝560となりX社の方が小さくなる。よって正しい。

③　答え

問題 107 安全性の分析④

各社の貸借対照表により、次の文章について、正誤の組み合わせとして正しいものを選びなさい。（金額単位：省略）

A社貸借対照表（一部抜粋）			
現金預金	400	⋮	
⋮		未払金	400
棚卸資産	200	⋮	
⋮		⋮	
流動資産	2,300	流動負債	1,100
⋮		⋮	
総資産	5,000	負債・純資産	5,000

B社貸借対照表（一部抜粋）			
現金預金	600	⋮	
⋮		未払金	500
棚卸資産	1,100	⋮	
⋮		⋮	
流動資産	3,100	流動負債	1,400
⋮		⋮	
総資産	7,500	負債・純資産	7,500

(ア) 流動比率、当座比率ともにA社の方が高い。

(イ) 正味運転資本は、B社の方が大きい。

① (ア)正　(イ)正
② (ア)正　(イ)誤
③ (ア)誤　(イ)正
④ (ア)誤　(イ)誤

解説

各選択肢に説明を加えると以下のようになる。

(ア) 各社の流動比率、当座比率は、以下のとおりとなる。

A社：流動比率＝流動資産2,300÷流動負債1,100＝209.1％

　　　当座比率＝（流動資産2,300－棚卸資産200）÷流動負債1,100＝190.9％

B社：流動比率＝流動資産3,100÷流動負債1,400＝221.4％

　　　当座比率＝（流動資産3,100－棚卸資産1,100）÷流動負債1,400＝142.9％

よって誤り。

(イ) 各社の正味運転資本は、以下のとおりとなる。

A社：正味運転資本＝流動資産2,300－流動負債1,100＝1,200

B社：正味運転資本＝流動資産3,100－流動負債1,400＝1,700

よって正しい。

フリー・キャッシュ・フロー

次の文章について、正誤の組み合わせとして正しいものを選びなさい。

A社のキャッシュ・フロー計算書（金額単位：省略）

営業活動によるキャッシュ・フロー	4,700
投資活動によるキャッシュ・フロー	△3,500
財務活動によるキャッシュ・フロー	△1,400

(ア) A社のフリー・キャッシュ・フローは△1,200である。

(イ) A社のキャッシュ・フローは、投資に必要なキャッシュを営業活動によって
獲得できており、健全である。

① (ア)正　(イ)正

② (ア)正　(イ)誤

③ (ア)誤　(イ)正

④ (ア)誤　(イ)誤

解説

各選択肢に説明を加えると以下のようになる。

(ア) フリー・キャッシュ・フロー＝営業活動によるキャッシュ・フロー4,700＋投
資活動によるキャッシュ・フロー△3,500＝1,200と算定される。よって誤り。

(イ) A社のキャッシュ・フローは、投資に必要なキャッシュ（3,500）を営業活動に
よって獲得（4,700）できており、健全である。よって正しい。

なお、キャッシュ・フローの状況は以下の8通りがあり、一般的に営業活動による
キャッシュ・フローの範囲内で投資活動によるキャッシュ・フローを支出するのが健
全である。

活動	①	②	③	④	⑤	⑥	⑦	⑧
営業	+	+	+	+	−	−	−	−
投資	+	−	+	−	+	−	+	−
財務	+	−	−	+	+	+	−	−

* 　+はキャッシュ・フローがプラス、−はキャッシュ・フローがマイナスを表している。

③　解答

問題 109 収益性の分析①

次の表および文章について、正誤の組み合わせとして正しいものを選びなさい。（金額単位：省略）

X 1 年損益計算書（一部抜粋）		X 2 年損益計算書（一部抜粋）	
売上高	700	売上高	800
売上原価	400	売上原価	420
売上総利益	300	売上総利益	380
販売費及び一般管理費	100	販売費及び一般管理費	120
営業利益	200	営業利益	260
営業外収益	50	営業外収益	0
営業外費用	100	営業外費用	100
経常利益	150	経常利益	160

(ｱ) X1年とX2年の売上高経常利益率を比べるとX1年の方が良い。

(ｲ) 売上高経常利益率は、経常利益が同じ場合には、売上高が小さいほど、大きくなる。

① (ｱ)正 (ｲ)正
② (ｱ)正 (ｲ)誤
③ (ｱ)誤 (ｲ)正
④ (ｱ)誤 (ｲ)誤

解説

各選択肢に説明を加えると以下のようになる。

(ｱ) 各年度の売上高経常利益率は以下のとおりに計算される。

X 1 年 売上高経常利益率 = 経常利益150 ÷ 売上高700 = 21.4%

X 2 年 売上高経常利益率 = 経常利益160 ÷ 売上高800 = 20.0%

よって正しい。

(ｲ) 売上高経常利益率は、経常利益が同じ場合には、売上高が小さいほど、大きくなる。よって正しい。

売上高が同一である場合には、経常利益が大きくなるほど、売上高経常利益率は大きくなる。

なお、収益性の分析とは企業の儲けの状態や儲ける力を見ようとする分析であり、収益性とは企業の利益を稼ぐ能力をいう。

① 答稱

110 収益性の分析②

次の文章について、正誤の組み合わせとして正しいものを選びなさい。

> (ア) 総資本経常利益率は、安全性の指標である。
> (イ) 経常利益が同一の場合には、資産を圧縮すると総資本経常利益率は下落する。

① (ア)正　(イ)正
② (ア)正　(イ)誤
③ (ア)誤　(イ)正
④ (ア)誤　(イ)誤

解説

各選択肢に説明を加えると以下のようになる。

(ア) 総資本経常利益率は、総資本に対する経常利益で算定され、資本の効率性・収益性の指標である。よって誤り。

なお、総資本経常利益率は、以下の計算式で算定される。

$$総資本経常利益率 = \frac{経常利益}{(前期末の負債・純資産の合計 + 当期末の負債・純資産の合計)/2}$$

(イ) 経常利益が同一の場合には、資産を圧縮すると総資本も圧縮され、総資本経常利益率は上昇する。よって誤り。

なお、総資本が同一の場合には、経常利益が増加すると総資本経常利益率は上昇する。

$$総資本営業利益率 = \frac{営業利益}{総資本(=資産合計)}$$ である。利益率を表す場合、通常は名称の前半部分が分母に、後半部分が分子にくると覚えておくとよい。

なお、資産合計は負債・純資産合計でもあり、どちらも使われている。

また、分母は、(ア)で記載したような期中平均によって算定されている場合もあれば期末値を用いることもある。

問題 111 増収増益

次の損益計算書（一部）により、【問1】と【問2】の設問に答えなさい。

損益計算書（一部抜粋）		（単位：百万円）
	X1年度	X2年度
売上高	6,000	7,000
売上原価	3,300	3,570
売上総利益	2,700	3,430
販売費及び一般管理費	1,800	1,960
営業利益	900	1,470
営業外収益	120	175
営業外費用	420	700
経常利益	600	945

【問1】 X1年度の売上高売上総利益率㋐%と売上高経常利益率㋑%の適切な組み合わせを選びなさい。

① ㋐55　　㋑10
② ㋑45　　㋑10
③ ㋐45　　㋑15
④ ㋐55　　㋑15

【問2】 ㋐から㋒のうち、誤っているものの個数を選びなさい。
　㋐　X1年度からX2年度にかけて、売上高売上総利益率、売上高経常利益率はともに改善しており、増収増益となっている。
　㋑　売上高販売費及び一般管理費率は、X2年度の方が高い。
　㋒　X2年度の売上原価の対前年度伸び率は、10%を超えている。

① 1つ　② 2つ　③ 3つ　④ なし

解説

【問1】
それぞれ算出すると、以下のとおりとなる。
㋐　売上高売上総利益率：売上総利益2,700÷売上高6,000＝45%

⑵　売上高経常利益率：経常利益600÷売上高6,000＝10％
　　なお、売上高売上総利益率は粗利益率とも呼ばれる。

【問2】
X1年度、X2年度の百分比損益計算書を作成すると、以下のとおりとなる。

	X1年度		X2年度	
	金額（百万円）	百分比（％）	金額（百万円）	百分比（％）
売上高	6,000	100.0	7,000	100.0
売上原価	3,300	55.0	3,570	51.0
売上総利益	2,700	45.0	3,430	49.0
販売費及び一般管理費	1,800	30.0	1,960	28.0
営業利益	900	15.0	1,470	21.0
営業外収益	120	2.0	175	2.5
営業外費用	420	7.0	700	10.0
経常利益	600	10.0	945	13.5

㋐　売上高、利益ともに増加しており、また売上高売上総利益率、売上高経常利益
　　率も改善している。よって正しい。
㋑　売上高販売費及び一般管理費率は、X1年度が30％に対してX2年度28％とX1年
　　度の方が高い。よって誤り。
㋒　X2年度の売上原価の対前年度伸び率を算出すると、以下のとおりとなる。
　　X2年度売上原価3,570÷X1年度売上原価3,300－1＝0.08…（8％）
　　よって、10％を下回っており、誤り。

　本問の損益計算書では、X1年度からX2年度にかけて、売上高と利益がともに増加
しており増収増益となっている。売上高、利益の増減により以下のように4つのケー
スに分けることができる。
　増収増益……売上高、利益ともに増加
　増収減益……売上高は増加、利益は減少
　減収増益……売上高は減少、利益は増加
　減収減益……売上高、利益ともに減少
　なお、利益は各種の利益が状況に応じて用いられる。

解答　【問1】②　【問2】②

128

問題 **112** 自己資本当期純利益率

各社の主要な資料により、以下の文章について、正誤の組み合わせとして正しいものを選びなさい。なお、純資産を自己資本とみなす。（金額単位：省略）

A社貸借対照表（一部抜粋）			B社貸借対照表（一部抜粋）	
⋮			⋮	
負債合計	10,000		負債合計	40,000
⋮			⋮	
株主資本	48,000		株主資本	40,000
評価・換算差額等	2,000		評価・換算差額等	22,500
純資産合計	50,000		純資産合計	62,500
総資産 60,000 負債・純資産	60,000		総資産 102,500 負債・純資産	102,500

A社損益計算書（一部抜粋）		B社損益計算書（一部抜粋）	
売上高	20,000	売上高	100,000
⋮		⋮	
経常利益	8,000	経常利益	7,000
⋮		⋮	
当期純利益	6,000	当期純利益	5,000

(ア) A社の自己資本当期純利益率は12%であり、B社より高い。

(イ) 株主の出資に対する収益性は、自己資本当期純利益率からみるとA社が優れている。

① (ア)正 (イ)正　② (ア)正 (イ)誤　③ (ア)誤 (イ)正　④ (ア)誤 (イ)誤

解説

各選択肢に説明を加えると以下のようになる。

(ア) 各社の自己資本当期純利益率は、以下のとおりとなる。

A社：自己資本当期純利益率＝当期純利益6,000÷純資産合計50,000＝12％

B社：自己資本当期純利益率＝当期純利益5,000÷純資産合計62,500＝8％

よって正しい。

(イ) 株主の出資に対する収益性を判断するための指標である自己資本当期純利益率はA社の方が高い。

よって正しい。

① 答解

問題 113

資本利益率の要素

各社の主要な資料により、以下の文章について、正誤の組み合わせとして正しいものを選びなさい。(金額単位：省略)

〈主要な資料〉

A社：	売上高4,500	当期純利益3,300	純資産2,700	総資産9,000
B社：	売上高8,100	当期純利益5,100	純資産3,500	総資産6,750

(ア) 売上高当期純利益率と総資本回転率の改善は、総資本当期純利益率の増加要因である。

(イ) 総資本回転率から、B社の方が投資効率がよい。

① (ア)正 (イ)正
② (ア)正 (イ)誤
③ (ア)誤 (イ)正
④ (ア)誤 (イ)誤

解説

各選択肢に説明を加えると以下のようになる。

(ア) 総資本当期純利益率＝売上高当期純利益率×総資本回転率と算定される。そのため、売上高当期純利益率と総資本回転率の改善は、総資本当期純利益率の増加要因である。よって正しい。

(イ) 各社の総資本回転率は、以下のとおり。

A社：総資本回転率＝売上高4,500÷総資産9,000＝0.5回
B社：総資本回転率＝売上高8,100÷総資産6,750＝1.2回
よって正しい。

なお、純資本回転率は総資産回転率ともいい、小さな投下資本で大きな売上高を生み出せば、効率が高いことを示している。よって回転数が大きい方が効率がよい。

解答 ①

問題 114 自己資本利益率の要素分解

次の表および文章について空欄(ア)と(イ)に当てはまる語句の適切な組み合わせを選びなさい。なお、純資産を自己資本とみなす。(金額単位:省略)

X1年損益計算書(一部抜粋)	
売上高	1,200
⋮	
経常利益	400
⋮	
当期純利益	72

X2年損益計算書(一部抜粋)	
売上高	1,000
⋮	
経常利益	350
⋮	
当期純利益	50

X1年貸借対照表(一部抜粋)			
売掛金	100		
⋮		純資産合計	400
⋮			
総資産	1,500	負債・純資産	1,500

X2年貸借対照表(一部抜粋)			
売掛金	50		
⋮		純資産合計	500
⋮			
総資産	2,000	負債・純資産	2,000

自己資本当期純利益率からみるとX1年度の方が高くなっている。自己資本当期純利益率を、売上高当期純利益率と(ア)と(イ)の積に分解すると、(ア)はX1年度の方が高くなっているのに対して、(イ)はX2年度の方が高くなっている。

① (ア)自己資本比率　　(イ)総資本回転率
② (ア)総資本回転率　　(イ)自己資本比率
③ (ア)財務レバレッジ　(イ)総資本回転率
④ (ア)総資本回転率　　(イ)財務レバレッジ

解説

自己資本当期純利益率 $\left(\dfrac{当期純利益}{純資産合計}\right)$ = 売上高当期純利益率 $\left(\dfrac{当期純利益}{売上高}\right)$ × 総資本回転率 $\left(\dfrac{売上高}{負債純資産合計}\right)$ × 財務レバレッジ $\left(\dfrac{負債純資産合計}{純資産合計}\right)$ に分解できる。

X1年度の自己資本当期純利益率18.0％＝売上高当期純利益率6.0％×総資本回転率0.80回×財務レバレッジ375.0％

$$\frac{72}{400} = \frac{72}{1,200} \times \frac{1,200}{1,500} \times \frac{1,500}{400}$$

X2年度の自己資本当期純利益率10.0％＝売上高当期純利益率5.0％×総資本回転率0.50回×財務レバレッジ400.0％

$$\frac{50}{500} = \frac{50}{1,000} \times \frac{1,000}{2,000} \times \frac{2,000}{500}$$

　総資本回転率はX1年度の方が高くなっているのに対し、財務レバレッジはX2年度の方が高くなっている。
　よって、（ア）に総資本回転率、（イ）に財務レバレッジが入る。

解答　④

115 1株当たり当期純利益①

各社の主要な資料により、以下の文章について、正誤の組み合わせとして正しいものを選びなさい。（金額単位：省略）

〈主要な資料〉

A社損益計算書（一部抜粋）		B社損益計算書（一部抜粋）	
売上高	4,200	売上高	4,500
⋮		⋮	
経常利益	1,800	経常利益	2,000
⋮		⋮	
当期純利益	1,500	当期純利益	1,200
A社その他指標		B社その他指標	
発行済株式数	250	発行済株式数	150

(ア) 1株当たり当期純利益では、B社の方が高い。

(イ) 利益が同額である場合には、発行済株式数が少ない方が、1株当たり当期純利益は多くなる。

① (ア)正　(イ)正
② (ア)正　(イ)誤
③ (ア)誤　(イ)正
④ (ア)誤　(イ)誤

解説

各選択肢に説明を加えると以下のようになる。

(ア) 1株当たり当期純利益の計算結果は、以下のとおりとなる。

　A社：当期純利益1,500÷発行済株式数250＝6

　B社：当期純利益1,200÷発行済株式数150＝8

　よって正しい。

(イ) 利益が同額である場合には、発行済株式数が少ない方が、1株当たり当期純利益は大きくなる。よって正しい。

① 答辑

問題 116

1株当たり当期純利益②

次の資料により、【問1】と【問2】の設問に答えなさい。(金額単位:省略)

> 経常利益30,000 特別利益3,000 特別損失5,000 法人税等13,000 純資産30,000
> 発行可能株式数200株 発行済株式数150株 株価収益率4倍

【問1】 株価の正しい数値を選びなさい。

① 100 ② 200 ③ 400 ④ 600 ⑤ 800

【問2】 1株当たり純資産の正しい数値を選びなさい。

① 100 ② 150 ③ 200 ④ 250 ⑤ 300

解説

【問1】

経常利益が30,000、特別利益が3,000、特別損失が5,000、法人税等が13,000であるため、当期純利益は、

当期純利益 = 経常利益(30,000) + 特別利益(3,000) − 特別損失(5,000) − 法人税等
(13,000)

= 15,000

となる。

次に、1株当たり当期純利益は、

$$1株当たり当期純利益 = \frac{当期純利益(15,000)}{発行済株式数(150株)} = 100$$

となるため、

$$株価収益率(4倍) = \frac{株価}{1株当たり当期純利益(100)}$$

という式が成り立ち、

株価 = 400

となる。

【問2】

$$1株当たり純資産 = \frac{純資産(30,000)}{発行済株式数(150)} = 200$$

解答 【問1】③ 【問2】③

134

株価収益率

次の文章について、正誤の組み合わせとして正しいものを選びなさい。

(ア) 株価収益率は、PBRとも表現される。
(イ) 株価収益率は、株価に対する1株当たり当期純利益の割合を示しており、実数分析の指標である。

---

① (ア)正 (イ)正
② (ア)正 (イ)誤
③ (ア)誤 (イ)正
④ (ア)誤 (イ)誤

解説

各選択肢に説明を加えると以下のようになる。

(ア) 株価収益率は、PER（Price Earnings Ratio）ともいい、企業の利益水準に対して株価が相対的に高いか低いかを判定する。よって誤り。

なお、株価純資産倍率がPBR（Price Book-value Ratio）と表現される。

(イ) 株価収益率は、1株当たり当期純利益に対する株価の割合を示しており、実数分析の指標である。よって誤り。

なお、株価収益率、株価純資産倍率、時価総額は、以下の計算式で算定される。
株価収益率(PER)＝株価÷1株当たり当期純利益
株価純資産倍率(PBR)＝株価÷1株当たり純資産
時価総額＝株価×発行済株式数

株価純資産倍率とは、言語のイニシャルを用いてPBR（Price Book-value Ratio）とも表現され、単に純資産倍率ともいう。この指標は企業の資産・財産の水準に対して株価が相対的に高いか低いかを判定する目安として用いられる指標である。

解答 ④

問題 118

株価収益率と株価純資産倍率①

各社の主要な資料により、以下の文章について、正誤の組み合わせとして正しいものを選びなさい。（金額単位：省略）

〈主要な資料〉

A社：	売上高7,500	当期純利益3,400	純資産5,100	総資産9,500
	株価500	発行済株式数170		
B社：	売上高6,100	当期純利益4,400	純資産5,500	総資産10,400
	株価300	発行済株式数110		

(ア)　株価収益率は、A社の方が高い。
(イ)　株価純資産倍率は、A社の方が高い。

① (ア)正　(イ)正
② (ア)正　(イ)誤
③ (ア)誤　(イ)正
④ (ア)誤　(イ)誤

解説

各選択肢に説明を加えると以下のようになる。

(ア)　各社の株価収益率は以下のとおり。

A社：1株当たり当期純利益＝当期純利益3,400÷発行済株式数170＝20
　　株価収益率＝株価500÷1株当たり当期純利益20＝25

B社：1株当たり当期純利益＝当期純利益4,400÷発行済株式数110＝40
　　株価収益率＝株価300÷1株当たり当期純利益40＝7.5

よって正しい。

(イ)　各社の株価純資産倍率は以下のとおり。

A社：1株当たり純資産＝純資産5,100÷発行済株式数170＝30
　　株価純資産倍率＝株価500÷1株当たり純資産30＝16.7

B社：1株当たり純資産＝純資産5,500÷発行済株式数110＝50
　　株価純資産倍率＝株価300÷1株当たり純資産50＝6

よって正しい。

解答　①

問題 119 株価収益率と株価純資産倍率②

各社の主要な資料により、以下の文章について、正誤の組み合わせとして正しいものを選びなさい。（金額単位：省略）

〈主要な資料〉

A社損益計算書（一部抜粋）		B社損益計算書（一部抜粋）	
売上高	2,600	売上高	4,500
：		：	
当期純利益	480	当期純利益	1,500
A社その他指標		B社その他指標	
発行済株式数	120	発行済株式数	150
株価	300	株価	500
株価純資産倍率	20	株価純資産倍率	25

(ア) 株価収益率からみると、A社の方が企業の利益水準に対して株価が高いといえる。
(イ) 純資産の金額は、A社の方がB社より大きい。

① (ア)正　(イ)正
② (ア)正　(イ)誤
③ (ア)誤　(イ)正
④ (ア)誤　(イ)誤

解説

各選択肢に説明を加えると以下のようになる。

(ア) 各社の株価収益率は、以下のとおり。

A社：1株当たり当期純利益＝当期純利益480÷発行済株式数120＝4
株価収益率＝株価300÷1株当たり当期純利益4＝75

B社：1株当たり当期純利益＝当期純利益1,500÷発行済株式数150＝10
株価収益率＝株価500÷1株当たり当期純利益10＝50

よって正しい。

(イ) 各社の純資産は、以下のとおり。

A社：1株当たり純資産＝株価300÷株価純資産倍率20＝15
純資産＝1株当たり純資産15×発行済株式数120＝1,800

B社：1株当たり純資産＝株価500÷株価純資産倍率25＝20
純資産＝1株当たり純資産20×発行済株式数150＝3,000

よって誤り。

解答 ②

従業員1人当たり売上高

次の文章について、正誤の組み合わせとして正しいものを選びなさい。

> (ア) 従業員1人当たり売上高は、従業員数に対する売上高の割合を算定した収益性の指標である。
> (イ) 従業員1人当たり売上高は、実数分析に該当する。

① (ア)正 (イ)正
② (ア)正 (イ)誤
③ (ア)誤 (イ)正
④ (ア)誤 (イ)誤

解説

各選択肢に説明を加えると以下のようになる。

(ア) 従業員1人当たり売上高は労働効率の代表例であり、従業員数に対する売上高の割合を算定した生産性の指標で、以下の計算式で算定される。

$$従業員1人当たり売上高 = \frac{売上高}{従業員数}$$

よって誤り。

(イ) 従業員1人当たり売上高は、実数分析に該当する。よって正しい。

　生産性とは、材料の投入量に対する生産量の割合、労働力の投入量に対する生産や販売量の割合など、ヒト・モノ・カネの投入量に対する生産量の割合をいう。

　労働効率は1人当たりだけではなく、労働時間当たり（マン・アワー）で計算される場合もある。

問題 121 財務分析の時系列問題

次の文章のうち、正しいものの個数を選びなさい。（金額単位：省略）

	X1年度	X2年度
総資産	7,000	8,000
純資産	2,100	2,800
売上高	12,100	15,600
営業利益	2,400	4,400
当期純利益	500	700

ア．X2年度の売上高の伸び率は、30％を超えている。

イ．X1年度からX2年度にかけて売上高営業利益率は改善した。

ウ．自己資本比率からみるとX1年度からX2年度にかけて長期の安全性は改善した。

エ．X1年度からX2年度にかけて株主の出資に対する収益性は向上した。

① 1つ　② 2つ　③ 3つ　④ 4つ　⑤ なし

解説

各選択肢に説明を加えると以下のようになる。

ア．X2年度の売上高の伸び率

（X2年度売上高15,600 − X1年度売上高12,100）÷ X1年度売上高12,100 ＝ 28.9％

よって誤り。

イ．売上高営業利益率

X1年度：営業利益2,400 ÷ 売上高12,100 ＝ 19.8％

X2年度：営業利益4,400 ÷ 売上高15,600 ＝ 28.2％　よって正しい。

ウ．自己資本比率

X1年度：自己資本2,100 ÷ 総資産7,000 ＝ 30.0％

X2年度：自己資本2,800 ÷ 総資産8,000 ＝ 35.0％

よって正しい。なお自己資本＝純資産である。

エ．自己資本利益率

X1年度：当期純利益500 ÷ 自己資本2,100 ＝ 23.8％

X2年度：当期純利益700 ÷ 自己資本2,800 ＝ 25.0％　よって正しい。

解答　③

財務分析指標計算問題

次の資料により、【問1】から【問8】の設問に答えなさい。なお、小数点以下は四捨五入する。

貸借対照表（一部抜粋）（単位：百万円）			
流動資産	3,800	流動負債	2,700
⋮		⋮	
		純資産	4,600
⋮			
総資産	9,800	負債・純資産	9,800

損益計算書（一部抜粋）（単位：百万円）	
売上高	8,000
⋮	
経常利益	1,200
⋮	
当期純利益	240

その他指標			
発行済株式数	8百万株	配当金総額	96百万円
株価収益率	25倍	従業員数	550人

＊なお、自己株式は保有していない。

【問1】 総資本経常利益率は㋐％である。空欄㋐に当てはまる数値を選びなさい。

① 12　　② 23　　③ 34　　④ 45　　⑤ 56

【問2】 自己資本比率は㋑％である。空欄㋑に当てはまる数値を選びなさい。

① 35　　② 47　　③ 57　　④ 68　　⑤ 79

【問3】 自己資本利益率は㋒％である。空欄㋒に当てはまる数値を選びなさい。

① 4　　② 5　　③ 6　　④ 7　　⑤ 8

【問4】 流動比率は㋓％である。空欄㋓に当てはまる数値を選びなさい。

① 38　　② 79　　③ 121　　④ 141　　⑤ 160

【問5】 株価は㋔円である。空欄㋔に当てはまる数値を選びなさい。

① 700　　② 750　　③ 1,400　　④ 1,500　　⑤ 7,500

【問6】 従業員1人当たり売上高は㋕百万円である。空欄㋕に当てはまる数値を選びなさい。

① 15　　② 20　　③ 25　　④ 30　　⑤ 35

【問7】 1株当たり配当額は㋖円である。空欄㋖に当てはまる数値を選びなさい。

① 6　　② 12　　③ 15　　④ 24　　⑤ 30

【問8】配当性向は(ク)%である。空欄(ク)に当てはまる数値を選びなさい。
　① 8　　② 12　　③ 20　　④ 30　　⑤ 40

解説

各選択肢に説明を加えると以下のようになる。

【問1】総資本経常利益率＝経常利益1,200÷総資本9,800≒12.2…＝12%
　なお総資本＝総資産である。

【問2】自己資本比率＝自己資本4,600÷総資本9,800≒46.9…＝47%
　なお自己資本＝純資産である。

【問3】自己資本利益率＝当期純利益240÷自己資本4,600≒5.2…＝5%

【問4】流動比率＝流動資産3,800÷流動負債2,700≒140.7…＝141%

【問5】1株当たり当期純利益＝当期純利益240÷発行済株式数8＝30
　　　　株価＝株価収益率25×1株当たり当期純利益30＝750

【問6】従業員1人当たり売上高＝売上高8,000÷従業員数550≒14.5…＝15

【問7】1株当たり配当額＝配当金総額96÷発行済株式数8＝12

【問8】配当性向＝配当金総額96÷当期純利益240＝40%
　または、1株当たり配当額12÷1株当たり当期純利益30＝40%と計算してもよい。

第6章

総合問題

ビジネス会計検定試験では、財務諸表を情報として利用する立場として必要となる基礎的な知識や分析力が身についているかどうかが問われる。そのため、総合問題の出題形式としては、貸借対照表、損益計算書、キャッシュ・フロー計算書等が資料として与えられ、それに基づいて各問に答える形式がとられる傾向にある。また、与えられた財務諸表の空白部分を関連するデータによって計算させるという穴埋めの形式も考えられる。いずれの場合も、第1章から第5章までの個別問題の内容を理解していれば、十分対応可能であるが、総合問題の形式に慣れておく必要がある。

本章の総合問題は、必要とされる基礎的な知識や分析指標の総復習に加え、空所補充などの問題形式への対応にも役立つ内容となっている。ぜひ反復して練習し、知識を確実なものにしていただきたい。また、各章の最後にその章の領域に関する総合問題も出題しているので、合わせて参考にしてほしい。

総合問題を解く際の注意点

財務諸表数値の穴埋めを含む総合問題では、計算可能なところから表を埋めていき、埋まった箇所から順次解答していくことになるが、推定した数値が後の問題と関連する場合もあるため、慎重に数値を埋めていくようにしたい。

また、総合問題は他の問題と時間的に区分されていないため、総合問題と他の問題との時間配分にも注意を払う必要がある。

総合問題①

次の〈資料1〉から〈資料4〉により、【問1】から【問12】の設問に答えなさい。分析にあたって、貸借対照表値、発行済株式数、株価および従業員数は期末の数値を用いることとし、純資産を自己資本とみなす。△はマイナスを意味する。なお、棚卸資産は商品のみである。

〈資料1〉 貸借対照表	A社	B社
		（単位：百万円）
資産の部		
流動資産		
現金及び預金	300	460
受取手形	100	100
売掛金	200	200
有価証券	50	270
商品	130	100
その他	20	70
流動資産合計	800	1,200
固定資産		
有形固定資産	1,200	700
無形固定資産	100	50
投資その他の資産	150	450
固定資産合計	1,450	1,200
資産合計	2,250	2,400
負債の部		
流動負債	600	300
固定負債	400	100
負債合計	1,000	400
純資産の部		
株主資本	1,220	1,800
評価・換算差額等	30	200
純資産合計	1,250	2,000
負債純資産合計	2,250	2,400

〈資料2〉 損益計算書 (単位:百万円)

	A社	B社
売上高	2,600	1,200
売上原価	1,600	900
売上総利益	1,000	300
販売費及び一般管理費	830	100
営業利益	170	200
営業外収益	20	20
営業外費用	10	10
経常利益	180	210
特別利益	20	0
特別損失	10	10
税引前当期純利益	190	200
法人税等合計	70	70
当期純利益	120	130

〈資料3〉 キャッシュ・フロー計算書 (単位:百万円)

	A社	B社
営業活動によるキャッシュ・フロー	310	240
投資活動によるキャッシュ・フロー	△120	△160
財務活動によるキャッシュ・フロー	△150	△20
現金及び現金同等物の増減高	40	60
現金及び現金同等物の期首残高	260	360
現金及び現金同等物の期末残高	300	420

〈資料4〉 その他のデータ(期末時点)

	A社	B社
1株当たり株価(円)	1,000	800
発行済株式数(百万株)	2	5
従業員数(人)	130	50

【問１】次の文章について、正誤の組み合わせとして正しいものを選びなさい。

(ア) 固定資産の貸借対照表構成比率はＡ社の方が大きい。

(イ) 商標権は投資その他の資産に分類されている。

① (ア)正　(イ)正

② (ア)正　(イ)誤

③ (ア)誤　(イ)正

④ (ア)誤　(イ)誤

【問２】次の文章について、正誤の組み合わせとして正しいものを選びなさい。

(ア) 売掛金はワンイヤー・ルールにより流動資産に区分される。

(イ) Ａ社の当座比率は100％を超えている。

① (ア)正　(イ)正

② (ア)正　(イ)誤

③ (ア)誤　(イ)正

④ (ア)誤　(イ)誤

【問３】次の文章について、正誤の組み合わせとして正しいものを選びなさい。

(ア) 流動比率からみると、Ａ社の方が短期的な財務安全性が高い。

(イ) 正味運転資本はＡ社の方が大きい。

① (ア)正　(イ)正

② (ア)正　(イ)誤

③ (ア)誤　(イ)正

④ (ア)誤　(イ)誤

【問４】次の文章について、正誤の組み合わせとして正しいものを選びなさい。

(ア) 粗利益率はＡ社の方が大きい。

(イ) 売上高経常利益率はＡ社の方が大きい。

① (ア)正　(イ)正

② (ア)正　(イ)誤

③ (ア)誤　(イ)正

④ (ア)誤　(イ)誤

【問5】 次の文章の空欄(ア)(イ)に当てはまる語句の適切な組み合わせを選びなさい。

自己資本比率からみると(ア)社の方が大きく、(イ)が高いといえる。

① (ア)A　(イ)成長性
② (ア)A　(イ)長期的な財務安全性
③ (ア)B　(イ)成長性
④ (ア)B　(イ)長期的な財務安全性

【問6】 次の文章の空欄(ア)(イ)に当てはまる語句の適切な組み合わせを選びなさい。

A社の総資本経常利益率は(ア)%であり、この指標からみた収益性はB社よりA社の方が(イ)い。

① (ア)14.4　(イ)高
② (ア)14.4　(イ)低
③ (ア) 8.0　(イ)高
④ (ア) 8.0　(イ)低

【問7】 次の文章の空欄(ア)(イ)に当てはまる語句の適切な組み合わせを選びなさい。

自己資本当期純利益率は、(ア)社の方が大きく、(イ)に対する収益性が高いと判断できる。

① (ア)A　(イ)投下資本総額
② (ア)A　(イ)株主の出資
③ (ア)B　(イ)株主の出資
④ (ア)B　(イ)投下資本総額

【問8】 次の文章について、正誤の組み合わせとして正しいものを選びなさい。

(ア)　総資本経常利益率は売上高経常利益率と総資本回転率に要素分解して考えることができる。
(イ)　B社の総資本回転率は1回を上回っている。

① (ア)正　(イ)正
② (ア)正　(イ)誤
③ (ア)誤　(イ)正
④ (ア)誤　(イ)誤

【問9】 次の文章について、正誤の組み合わせとして正しいものを選びなさい。

> (ア)　A社のフリー・キャッシュ・フローは40である。
>
> (イ)　自己株式の取得による支出は投資活動によるキャッシュ・フローに区分される。

 ① (ア)正　(イ)正

 ② (ア)正　(イ)誤

 ③ (ア)誤　(イ)正

 ④ (ア)誤　(イ)誤

【問10】 次の文章について、正誤の組み合わせとして正しいものを選びなさい。

> (ア)　1株当たり純資産はA社の方が大きい。
>
> (イ)　企業の資産・財産の水準に対して株価が高いのはA社である。

 ① (ア)正　(イ)正

 ② (ア)正　(イ)誤

 ③ (ア)誤　(イ)正

 ④ (ア)誤　(イ)誤

【問11】 次の文章の空欄(ア)(イ)に当てはまる語句の適切な組み合わせを選びなさい。

> A社の株価収益率は(ア)倍であり、利益水準に対する株価はB社よりA社の方が相対的に(イ)い。

 ① (ア)16.7　(イ)高

 ② (ア)16.7　(イ)低

 ③ (ア)11.1　(イ)高

 ④ (ア)11.1　(イ)低

【問12】 次の文章の空欄(ア)(イ)に当てはまる語句の適切な組み合わせを選びなさい。

> 従業員1人当たり売上高からみると(ア)社の方が大きく、(イ)が高いといえる。

 ① (ア)A　(イ)資本効率

 ② (ア)A　(イ)労働効率

 ③ (ア)B　(イ)資本効率

 ④ (ア)B　(イ)労働効率

解説

【問1】

(ア) 固定資産の貸借対照表構成比率 $= \dfrac{\text{固定資産合計}}{\text{資産合計}}$

A社の固定資産の貸借対照表構成比率 $= \dfrac{1,450}{2,250} = 64.4\%$

B社の固定資産の貸借対照表構成比率 $= \dfrac{1,200}{2,400} = 50.0\%$

よって、正しい（計算の結果生じる端数については小数点第2位以下を四捨五入して表示している。以下の問も同様）。

(イ) 商標権は無形固定資産に分類される。

よって、誤り。

【問2】

(ア) 売掛金は正常営業循環基準により流動資産に区分される。よって誤り。

(イ) 当座資産 ＝ 流動資産 － 棚卸資産とする。当座比率 $= \dfrac{\text{当座資産}}{\text{流動負債}}$

A社の当座比率 $= \dfrac{800 - 130}{600} = 111.7\%$

よって正しい。

【問3】

(ア) 流動比率 $= \dfrac{\text{流動資産}}{\text{流動負債}}$

A社の流動比率 $= \dfrac{800}{600} = 133.3\%$

B社の流動比率 $= \dfrac{1,200}{300} = 400.0\%$

流動比率が大きい方が、財務安定性が高いといえるため、B社の方が短期的な財務安定性が高い。よって誤り。

(イ) 正味運転資本 ＝ 流動資産 － 流動負債

A社の正味運転資本 ＝ 800 － 600 ＝ 200

B社の正味運転資本 ＝ 1,200 － 300 ＝ 900

よって誤り。

【問4】

(ア) 粗利益率 $= \dfrac{\text{売上総利益}}{\text{売上高}}$

A社の粗利益率 $= \dfrac{1{,}000}{2{,}600} = 38.5\%$

B社の粗利益率 $= \dfrac{300}{1{,}200} = 25\%$

よって正しい。

(イ) 売上高経常利益率 $= \dfrac{\text{経常利益}}{\text{売上高}}$

A社の売上高経常利益率 $= \dfrac{180}{2{,}600} = 6.9\%$

B社の売上高経常利益率 $= \dfrac{210}{1{,}200} = 17.5\%$

よって誤り。

【問5】

　自己資本比率は資金の源泉全体に占める自己資本の割合であり、比率が大きいほど弁済を要しない純資産が多く、長期的に財政状態が安定していることを示す。

自己資本比率 $= \dfrac{\text{自己資本}}{\text{負債純資産合計}}$

A社の自己資本比率 $= \dfrac{1{,}250}{2{,}250} = 55.6\%$

B社の自己資本比率 $= \dfrac{2{,}000}{2{,}400} = 83.3\%$

よって、B社の方が自己資本比率は大きく、長期的な財務安定性が高い。

【問6】

(ア) 総資本経常利益率 $= \dfrac{\text{経常利益}}{\text{総資本}}$

A社の総資本経常利益率 $= \dfrac{180}{2{,}250} = 8.0\%$

(イ) B社の総資本経常利益率 $= \dfrac{210}{2{,}400} = 8.8\%$

総資本経常利益率は、投下資本総額に対してどれだけ経常利益を稼いだかという収益性を判断する指標である。B社の方が総資本経常利益率が高く、収益性が高い。

【問7】

自己資本当期純利益率は、株主の出資に対する収益性を判断するための指標で、株主に帰属する利益である当期純利益を、株主からの資金源泉である自己資本で割って求める。

A社の自己資本当期純利益率 $= \dfrac{120}{1,250} = 9.6\%$

B社の自己資本当期純利益率 $= \dfrac{130}{2,000} = 6.5\%$

よってA社の方が自己資本当期純利益率が高く、株主の出資に対する収益性が高い。

【問8】

(ア) 総資本経常利益率＝売上高経常利益率×総資本回転率
　　よって正しい。

(イ) 総資本回転率 $= \dfrac{\text{売上高}}{\text{総資本}}$

　　B社の総資本回転率 $= \dfrac{1,200}{2,400} = 0.5$回

　　よって誤り。

【問9】

(ア) A社のフリー・キャッシュ・フロー＝310＋△120＝190　よって誤り。

(イ) 自己株式の取得による支出は財務活動によるキャッシュ・フローに区分される。
　　よって誤り。

【問10】

(ア) 1株当たり純資産 $= \dfrac{\text{純資産}}{\text{発行済株式数}}$

　　A社の1株当たり純資産 $= \dfrac{1,250}{2} = 625$

　　B社の1株当たり純資産 $= \dfrac{2,000}{5} = 400$

よって正しい。

(イ) 株価純資産倍率 = $\dfrac{1\text{株当たり株価}}{1\text{株当たり純資産}}$

A社の株価純資産倍率 = $\dfrac{1,000}{1,250 \div 2}$ = 1.6倍

B社の株価純資産倍率 = $\dfrac{800}{2,000 \div 5}$ = 2.0倍

株価純資産倍率は1株当たり株価が1株当たり純資産の何倍であるかを示す指標である。B社の方が、資産・財産の水準に対して株価がA社よりも相対的に高いといえる。よって誤り。

【問11】

(ア) 株価収益率 = $\dfrac{1\text{株当たり株価}}{1\text{株当たり当期純利益}}$

A社の株価収益率 = $\dfrac{1,000}{120 \div 2}$ = 16.7倍

(イ) B社の株価収益率 = $\dfrac{800}{130 \div 5}$ = 30.8倍

株価収益率は企業の利益水準に対して株価が相対的に高いか低いかを判定する目安として用いられる。A社の株価収益率はB社より低く、この指標からみた株価はB社よりも相対的に低い。

【問12】

従業員1人当たり売上高は労働生産性を判断するための代表的な指標である。

A社の従業員1人当たり売上高 = $\dfrac{2,600\text{百万円}}{130\text{人}}$ = 20百万円

B社の従業員1人当たり売上高 = $\dfrac{1,200\text{百万円}}{50\text{人}}$ = 24百万円

従業員1人当たり売上高はB社の方が大きく、労働効率が高いといえる。

問題 124 総合問題②

次の〈資料1〉から〈資料3〉により、【問1】から【問13】の設問に答えなさい。分析にあたって、貸借対照表値は期末の数値を用いることとし、純資産を自己資本とみなす。△はマイナスを意味する。なお、棚卸資産は商品のみである。計算にあたって端数が出る場合は、選択肢に示されている桁数に応じて四捨五入するものとする。

〈資料1〉 貸借対照表		(単位：百万円)
	X1年度	X2年度
資産の部		
流動資産		
現金及び預金	60	200
受取手形	40	10
電子記録債権	30	30
売掛金	320	360
有価証券	100	100
商品	（ ア ）	400
その他	50	100
流動資産合計	（ ）	1,200
固定資産		
有形固定資産	1,200	1,000
無形固定資産	（ ）	（ ウ ）
投資その他の資産	（ ）	（ ）
固定資産合計	（ ）	（ ）
資産合計	（ ）	（ ）
負債の部		
流動負債	600	960
固定負債	1,500	1,340
負債合計	2,100	2,300
純資産の部		
株主資本	1,300	1,500
評価・換算差額等	（ ）	（ ）
純資産合計	（ ）	1,700
負債純資産合計	（ イ ）	（ ）

〈資料2〉 損益計算書 (単位：百万円)

	X1年度	X2年度
売上高	2,800	3,500
売上原価	1,500	2,400
売上総利益	1,300	1,100
販売費及び一般管理費	1,000	900
営業利益	300	200
営業外収益	60	（　　）
営業外費用	20	10
経常利益	340	（　エ　）
特別利益	—	（　　）
特別損失	60	（　　）
税引前当期純利益	280	（　　）
法人税等合計	80	70
当期純利益	200	190

〈資料3〉 その他のデータ

X1年度　正味運転資本200百万円　総資本回転率　0.8回
X2年度　無形固定資産の貸借対照表構成比率　10%
総資本経常利益率　8%

【問1】〈資料1〉の空欄(ア)に当てはまる数値を選びなさい。
　① 200　　② 300　　③ 320　　④ 340　　⑤ 400

【問2】〈資料1〉の空欄(イ)に当てはまる数値を選びなさい。
　① 2,240　② 3,200　③ 4,500　④ 3,500　⑤ 4,400

【問3】〈資料1〉の空欄(ウ)に当てはまる数値を選びなさい。
　① 280　　② 300　　③ 350　　④ 400　　⑤ 1,200

【問4】〈資料2〉の空欄(エ)に当てはまる数値を選びなさい。
　① 120　　② 200　　③ 220　　④ 280　　⑤ 320

【問5】次の文章について、正誤の組み合わせとして正しいものを選びなさい。

> (ア) 売上高販売費及び一般管理費率はX1年度からX2年度にかけて改善している。
> (イ) 当期純利益でみるとX1年度からX2年度にかけて減収増益である。

　① (ア)正　(イ)正
　② (ア)正　(イ)誤
　③ (ア)誤　(イ)正
　④ (ア)誤　(イ)誤

【問6】次の文章について、正誤の組み合わせとして正しいものを選びなさい。

> (ア) X2年度の手元流動性は300百万円である。
> (イ) 売上債権はX1年度からX2年度にかけて減少した。

　① (ア)正　(イ)正
　② (ア)正　(イ)誤
　③ (ア)誤　(イ)正
　④ (ア)誤　(イ)誤

【問7】 次の文章の空欄㋐㋑に当てはまる語句の適切な組み合わせを選びなさい。

X2年度の流動比率は㋐%であり、この指標からみた短期の財務安全性は㋑した。

① ㋐125　㋑改善
② ㋐125　㋑悪化
③ ㋐ 80　㋑改善
④ ㋐ 80　㋑悪化

【問8】 次の文章について、正誤の組み合わせとして正しいものを選びなさい。

㋐　売上の伸び率がこのまま継続すれば、X3年度の売上高は4,300百万円を超えると考えられる。

㋑　X1年度からX2年度にかけて売上高に対する株主帰属利益の割合は高くなった。

① ㋐正　㋑正
② ㋐正　㋑誤
③ ㋐誤　㋑正
④ ㋐誤　㋑誤

【問9】 空欄㋐㋑に当てはまる語句の適切な組み合わせを選びなさい。

本業の儲けを示す㋐利益の伸び率は㋑%となった。

① ㋐売上総　　㋑△85
② ㋐営業　　　㋑△50
③ ㋐営業　　　㋑△33
④ ㋐売上総　　㋑△15

【問10】 次の文章の空欄㋐㋑に当てはまる語句の適切な組み合わせを選びなさい。

X2年度の総資本回転率は㋐回であり、この指標からみるとX1年度からX2年度にかけて投資効率は㋑した。

① ㋐1.1　㋑改善
② ㋐1.1　㋑悪化
③ ㋐0.9　㋑改善
④ ㋐0.9　㋑悪化

【問11】次の文章について、正誤の組み合わせとして正しいものを選びなさい。

(ア)　自己資本当期純利益率が高ければ、弁済を要しない資金の源泉の割合が高い
ことを意味する。

(イ)　自己資本比率はX1年度からX2年度にかけて改善した。

① (ア)正　(イ)正

② (ア)正　(イ)誤

③ (ア)誤　(イ)正

④ (ア)誤　(イ)誤

【問12・問13共通】次の文章について【問12】、【問13】の設問に答えなさい。

(ア)は売上高当期純利益率、(イ)、財務レバレッジの3つの要素に分解することがで
きる。X1年度の財務レバレッジは(ウ)%であり、X2年度より(エ)い値となっている。

【問12】空欄(ア)(イ)に当てはまる語句の適切な組み合わせを選びなさい。

① (ア)自己資本当期純利益率　(イ)総資本回転率

② (ア)総資本当期純利益率　(イ)総資本回転率

③ (ア)総資本当期純利益率　(イ)自己資本比率

④ (ア)自己資本当期純利益率　(イ)自己資本比率

【問13】空欄(ウ)(エ)に当てはまる語句の適切な組み合わせを選びなさい。

① (ウ)250　(エ)高

② (ウ) 40　(エ)高

③ (ウ)250　(エ)低

④ (ウ) 40　(エ)低

解説

【問1】

(ア)　正味運転資本＝流動資産－流動負債

A社の流動資産合計＝正味運転資本200＋流動負債600＝800

商品を除く流動資産の合計額＝現金及び預金60＋受取手形40＋電子記録債権30＋
売掛金320＋有価証券100＋その他50＝600

よって、商品＝800－600＝200

【問2】

(イ) 総資本回転率 $=\dfrac{売上高}{総資産}$

資産合計 $=\dfrac{売上高}{総資本回転率}=\dfrac{2,800}{0.8}=3,500$

負債純資産合計 = 資産合計 = 3,500

【問3】

(ウ) 資産合計 = 負債純資産合計 = 負債合計2,300 + 純資産合計1,700 = 4,000

無形固定資産 = 資産合計4,000 × 無形固定資産の貸借対照表構成比率10% = 400

【問4】

(エ) 総資本経常利益率 $=\dfrac{経常利益}{負債純資産合計}$

経常利益 = 負債純資産合計4,000 × 総資本経常利益率8% = 320

【問5】

(ア) 売上高販売費及び一般管理費率 $=\dfrac{販売費及び一般管理費}{売上高}$

X1年度の売上高販売費及び一般管理費率 $=\dfrac{1,000}{2,800}=35.7\%$

X2年度の売上高販売費及び一般管理費率 $=\dfrac{900}{3,500}=25.7\%$

（計算の結果生じる端数については小数点第2位以下を四捨五入して表示している。以下の問も同様。）

　売上高販売費及び一般管理費率はX1年度からX2年度にかけて低くなり、改善している。よって正しい。

(イ) X1年度からX2年度にかけて売上高は増加したが、当期純利益は減少したので、増収減益である。よって誤り。

【問6】

(ア) 手元流動性 = 現金及び預金 + 有価証券
X2年度の手元流動性 = 200 + 100 = 300
よって正しい。

(イ) 売上債権＝受取手形＋電子記録債権＋売掛金

X1年度の売上債権＝40＋30＋320＝390

X2年度の売上債権＝10＋30＋360＝400

X1年度からX2年度にかけて売上債権は10増加した。よって誤り。

【問7】

(ア) 流動比率 $= \dfrac{\text{流動資産}}{\text{流動負債}}$

X1年度の流動比率 $= \dfrac{800}{600} = 133.3\%$　（【問1】より流動資産＝800となる）

X2年度の流動比率 $= \dfrac{1,200}{960} = 125.0\%$

(イ) X1年度からX2年度にかけて流動比率は悪化した。

【問8】

(ア) X1年度からX2年度にかけての売上高の伸び率 $= \dfrac{3,500 - 2,800}{2,800} = 25\%$

X2年度からX3年度にかけての売上高の伸び率が25％のままの場合、

X3年度の売上高 ＝ X2年度売上高3,500×(100＋25)％＝4,375と計算される。よって正しい。

(イ) 売上高当期純利益率 $= \dfrac{\text{当期純利益}}{\text{売上高}}$

X1年度の売上高当期純利益率 $= \dfrac{200}{2,800} = 7.1\%$

X2年度の売上高当期純利益率 $= \dfrac{190}{3,500} = 5.4\%$

X1年度からX2年度にかけて売上高当期純利益率は悪化した。よって誤り。

【問9】

(ア) 本業の儲けを示す利益は営業利益である。

(イ) 営業利益の伸び率 $= \dfrac{200 - 300}{300} = \triangle 33.3\%$

営業利益は減少しており、伸び率はマイナスの値となる。

【問10】

(ア) $総資本回転率 = \dfrac{売上高}{総資本}$

X1年度の総資本回転率 = 0.8回

X2年度の総資本回転率 = $\dfrac{3,500}{4,000}$ = 0.875回 ≒ 0.9回

（【問3】よりX2年度の総資本＝4,000となる）

(イ) 総資本回転率からみると、X1年度からX2年度にかけて投資効率が改善した。

【問11】

(ア) 自己資本当期純利益率は株主の出資に対する収益性の指標であり、資金の源泉の割合を示すものではない。弁済を要しない資金の源泉の割合を示す指標は自己資本比率である。よって誤り。

(イ) $自己資本比率 = \dfrac{自己資本}{負債純資産合計}$

X1年度純資産合計 = 負債純資産合計3,500 − 負債合計2,100 = 1,400

X1年度自己資本比率 = $\dfrac{1,400}{3,500}$ = 40.0%

X2年度自己資本比率 = $\dfrac{1,700}{4,000}$ = 42.5%

自己資本比率はX1年度からX2年度にかけて改善した。よって正しい。

自己資本比率は資金の源泉全体に占める自己資本の割合であり、比率が大きいほど弁済を要しない純資産が多く、長期的に財政状態が安定していることを示す。

【問12・問13】

(ア)(イ) 自己資本当期純利益率＝売上高当期純利益率×総資本回転率×財務レバレッジ

(ウ) X1年度の財務レバレッジ = $\dfrac{総資本}{自己資本}$ = $\dfrac{3,500}{1,400}$ = 250%

(エ) X2年度の財務レバレッジ = $\dfrac{4,000}{1,700}$ = 235.3%

X1年度の財務レバレッジはX2年度の財務レバレッジより高い値となっている。（ア 自己資本当期純利益率）は売上高当期純利益率、（イ 総資本回転率）、財務レバレッジの3つの要素に分解することができる。X1年度の財務レバレッジは（ウ 250）%であり、X2年度より（エ 高）い値となっている。

解答 【問1】① 【問2】④ 【問3】④ 【問4】⑥ 【問5】② 【問6】② 【問7】② 【問8】②
【問9】③ 【問10】③ 【問11】③ 【問12】① 【問13】①

総合問題③

A社とB社に関する〈資料1〉から〈資料4〉により、【問1】から【問14】の設問に答えなさい。分析にあたって、貸借対照表値、発行済株式数および株価は期末の数値を用いることとし、純資産を自己資本とみなす。金額単位は明記したものを除き百万円であり、△はマイナスを意味する。また、貸借対照表の現金及び預金とキャッシュ・フロー計算書の現金及び現金同等物は等しいとする。なお、計算にあたって端数が出る場合は、選択肢に示されている桁数に応じて四捨五入するものとする。

〈資料1〉A社の財務諸表

貸借対照表

資産の部	
流動資産	
現金及び預金	500
受取手形	( )
電子記録債権	400
売掛金	300
製品	200
仕掛品	(ア)
貯蔵品	100
流動資産合計	( )
固定資産	
有形固定資産	( )
無形固定資産	(イ)
投資その他の資産	( )
固定資産合計	( )
資産合計	( )
負債の部	
流動負債	
支払手形	200
電子記録債務	100
買掛金	300
短期借入金	800
流動負債合計	1,400
固定負債	
長期借入金	600
退職給付引当金	200
その他	100
固定負債合計	900
負債合計	2,300
純資産の部	
株主資本	( )
純資産合計	( )
負債純資産合計	( )

損益計算書

売上高	3,000
売上原価	1,800
売上総利益	1,200
販売費及び一般管理費	800
営業利益	400
営業外収益	50
営業外費用	150
経常利益	300
特別利益	—
特別損失	100
税引前当期純利益	200
法人税等合計	60
当期純利益	140

キャッシュ・フロー計算書

営業活動によるキャッシュ・フロー		
( )		(ウ)
減価償却費		100
売上債権の増減額		20
棚卸資産の増減額		40
仕入債務の増減額		△30
その他		30
小計		( )
法人税等の支払額		△60
営業活動によるキャッシュ・フロー		( )
投資活動によるキャッシュ・フロー		△200
財務活動によるキャッシュ・フロー		( )
現金及び現金同等物の増減額		(エ)
現金及び現金同等物の期首残高		300
現金及び現金同等物の期末残高		( )

〈資料2〉A社のその他のデータ

棚卸資産 400 　　流動比率 130%
1株当たり純資産額 75円　　発行済株式数 20百万株　　株価 84円

〔固定資産の構成項目〕(以下のものに限るとする)
建物 500　　建設仮勘定 50　　のれん 20　　備品 30　　土地 120
投資有価証券 30　　機械装置 700　　ソフトウェア 100
長期前払費用 20　　特許権 30　　構築物 380

〈資料3〉B社の財務諸表

貸借対照表		損益計算書	
資産の部		売上高	4,200
流動資産	1,200	売上原価	2,900
固定資産	1,300	売上総利益	1,300
資産合計	2,500	販売費及び一般管理費	(オ)
負債の部		営業利益	( )
流動負債	1,100	営業外収益	( )
固定負債	780	営業外費用	( )
負債合計	1,880	経常利益	( )
純資産の部		特別利益	50
株主資本	600	特別損失	150
評価・換算差額等	20	税引前当期純利益	( )
純資産合計	620	法人税等合計	200
負債純資産合計	2,500	当期純利益	( )

〈資料4〉B社のその他のデータ

棚卸資産 500　　発行済株式数 10百万株　　株価 93円

〔販売費及び一般管理費、営業外収益、営業費用の構成項目〕(以下のものに限るとする)
広告宣伝費 180　　給料 400　　通信費 50　　受取利息 20
旅費交通費 50　　退職給付費用 20　　貸倒引当金繰入額 10　　雑損失 80
減価償却費 200　　研究開発費 20　　受取配当金 30
支払利息 20　　役員報酬 40　　租税公課 10　　有価証券評価益 150

【問1】〈資料1〉空欄㋐に当てはまる数値を選びなさい。

① 30　　② 100　　③ 200　　④ 250　　⑤ 300

【問2】〈資料1〉空欄㋑に当てはまる数値を選びなさい。

① 20　　② 30　　③ 50　　④ 120　　⑤ 150

【問3】〈資料1〉空欄㋒に当てはまる数値を選びなさい。

① 100　　② 140　　③ 200　　④ 300　　⑤ 400

【問4】〈資料1〉空欄㋓に当てはまる数値を選びなさい。

① △100　　② 0　　③ 50　　④ 100　　⑤ 200

【問5】〈資料3〉空欄㋔に当てはまる数値を選びなさい。

① 750　　② 820　　③ 900　　④ 980　　⑤ 1,100

【問6】A社の前期の仕入債務残高は㋕百万円である。空欄㋕に当てはまる数値を選びなさい。

① 330　　② 470　　③ 500　　④ 570　　⑤ 630

【問7】次の文章の空欄㋐㋑に当てはまる語句の適切な組み合わせを選びなさい。

売上高売上原価率はA社の方が㋐、粗利益率はA社の方が㋑といえる。

① ㋐高く　㋑優れている
② ㋐高く　㋑劣っている
③ ㋐低く　㋑優れている
④ ㋐低く　㋑劣っている

【問8】次の文章について、正誤の組み合わせとして正しいものを選びなさい。

㋐　短期的な支払いのバランスの視点からは当座比率は100%以上あることが望ましいとされている。

㋑　当座比率からみた短期の安全性はA社の方が高い。

① ㋐正　㋑正
② ㋐正　㋑誤
③ ㋐誤　㋑正
④ ㋐誤　㋑誤

【問9】次の文章について、正誤の組み合わせとして正しいものを選びなさい。

> ⑦ キャッシュ・フロー計算書で対象とするキャッシュの範囲には市場性のある株式も含まれる。
> ⑦ キャッシュ・フローの状況からみるとA社の資金繰りは健全であるといえる。

① ⑦正 ⑦正
② ⑦正 ⑦誤
③ ⑦誤 ⑦正
④ ⑦誤 ⑦誤

【問10・問11共通】次の文章について【問10】、【問11】の設問に答えなさい。

> A社の総資本経常利益率は⑦％で、B社よりも⑦いが、総資本経常利益率を⑦と⑦に要素分解して分析すると、その主な要因はA社の⑦がB社より⑦いことにあると考えられる。

【問10】空欄⑦⑦に当てはまる語句の適切な組み合わせを選びなさい。

① ⑦7.9 ⑦低
② ⑦7.9 ⑦高
③ ⑦20 ⑦高
④ ⑦20 ⑦低

【問11】空欄⑦⑦に当てはまる語句の適切な組み合わせを選びなさい。

① ⑦売上高経常利益率 ⑦総資本回転率
② ⑦総資本回転率 ⑦売上高営業利益率
③ ⑦総資本回転率 ⑦売上高経常利益率
④ ⑦売上高当期純利益率 ⑦総資本回転率

【問12】次の文章について、正誤の組み合わせとして正しいものを選びなさい。

> ⑦ 株価純資産倍率は純資産の価値が貸借対照表計上額よりも小さいと見込まれる場合には、1倍を下回ることがある。
> ⑦ 株価純資産倍率はA社の方が高い。

① ⑦正 ⑦正
② ⑦正 ⑦誤
③ ⑦誤 ⑦正
④ ⑦誤 ⑦誤

【問13】 次の文章について、正誤の組み合わせとして正しいものを選びなさい。

> (ア) 株価収益率は株価が利益水準に比べて相対的に高いか低いかを判定しようと
>   する指標である。
> (イ) A社の株価収益率は1.2倍である。

① (ア)正　(イ)正
② (ア)正　(イ)誤
③ (ア)誤　(イ)正
④ (ア)誤　(イ)誤

【問14】 次の文章について、正誤の組み合わせとして正しいものを選びなさい。

> (ア) 時価総額は資産から負債を控除した純資産の金額である。
> (イ) 時価総額はA社の方が高い。

① (ア)正　(イ)正
② (ア)正　(イ)誤
③ (ア)誤　(イ)正
④ (ア)誤　(イ)誤

解説

【問1】

(ア) 仕掛品＝棚卸資産400－製品200－貯蔵品100＝100

【問2】

(イ) 無形固定資産＝のれん20＋ソフトウェア100＋特許権30＝150

【問3】

(ウ) 間接法における営業活動によるキャッシュ・フローの区分は、損益計算書の税引前当期純利益から始まる。

【問4】

(エ) 問題文より、現金及び現金同等物の期末残高＝現金及び預金＝500
現金及び現金同等物の増減額＝現金及び現金同等物の期末残高－現金及び現金同等物の期首残高＝500－300＝200

【問5】

(オ) 販売費及び一般管理費＝広告宣伝費180＋給料400＋通信費50＋旅費交通費50＋
退職給付費用20＋貸倒引当金繰入額10＋減価償却費200＋研究開発費20＋役員報
酬40＋租税公課10＝980

【問6】

(カ) 当期の仕入債務＝支払手形200＋電子記録債務100＋買掛金300＝600
キャッシュ・フロー計算書の仕入債務の増減額(△30)より、仕入債務の減少額＝
30　前期の仕入債務＝当期の仕入債務600＋仕入債務の減少額30＝630

【問7】

(ア) 売上高売上原価率 ＝ $\dfrac{売上原価}{売上高}$

A社の売上高売上原価率 ＝ $\dfrac{1,800}{3,000}$ ＝ 60.0％

B社の売上高売上原価率 ＝ $\dfrac{2,900}{4,200}$ ＝ 69.0％

よって、A社の売上高売上原価率の方が低い（計算の結果生じる端数については
小数点第2位以下を四捨五入して表示している。以下の問も同様）。

(イ) 粗利益率は売上高に対する売上総利益の割合であり、売上高売上総利益率のこ
とである。売上高に対する売上原価の割合が低いA社の方が粗利益率は高くなる。

A社の粗利益率 ＝ $\dfrac{1,200}{3,000}$ ＝ 40.0％

B社の粗利益率 ＝ $\dfrac{1,300}{4,200}$ ＝ 31.0％

【問8】

(ア) 正しい。

(イ) 当座資産＝流動資産－棚卸資産

当座比率 ＝ $\dfrac{当座資産}{流動負債}$

A社の流動資産合計＝流動負債合計1,400×流動比率130％＝1,820

A社の当座比率 ＝ $\dfrac{1,820－400}{1,400}$ ＝ 101.4％

$$\text{B社の当座比率} = \frac{1,200 - 500}{1,100} = 63.6\%$$

当座比率からみた短期の安全性はA社の方が高い。よって正しい。

【問9】

(ア) 市場性のある株式は時価の変動によるリスクがあるため、現金同等物に含まれない。よって誤り。

(イ) 営業活動より生み出したキャッシュを投資活動に充てており、健全な資金繰りを行っていると判断できる。よって正しい。

【問10】

(ア) $\text{総資本経常利益率} = \dfrac{\text{経常利益}}{\text{総資本}}$

A社の固定資産合計 = 建物500 + 構築物380 + 機械装置700 + 備品30 + 建設仮勘定50 + 土地120 + のれん20 + ソフトウェア100 + 特許権30 + 投資有価証券30 + 長期前払費用20 = 1,980

A社の総資本 = 流動資産1,820 + 固定資産1,980 = 3,800

$$\text{A社の総資本経常利益率} = \frac{300}{3,800} = 7.9\%$$

(イ) B社の営業外収益 = 受取利息20 + 受取配当金30 + 有価証券評価益150 = 200

B社の営業外費用 = 雑損失80 + 支払利息20 = 100

B社の経常利益 = 売上総利益1,300 − 販売費及び一般管理費980 + 営業外収益200 − 営業外費用100 = 420

$$\text{B社の総資本経常利益率} = \frac{420}{2,500} = 16.8\%$$

よって、A社の総資本経常利益率の方が低い。

【問11】

㈣㈢総資本経常利益率＝売上高経常利益率×総資本回転率

A社の売上高経常利益率＝$\dfrac{経常利益}{売上高}$＝$\dfrac{300}{3,000}$＝10.0％

B社の売上高経常利益率＝$\dfrac{経常利益}{売上高}$＝$\dfrac{420}{4,200}$＝10.0％

A社の総資本回転率＝$\dfrac{売上高}{総資本}$＝$\dfrac{3,000}{3,800}$＝0.8回

B社の総資本回転率＝$\dfrac{売上高}{総資本}$＝$\dfrac{4,200}{2,500}$＝1.7回

A社の総資本経常利益率は（ア 7.9）％で、B社よりも（イ 低）いが、総資本経常利益率を（ウ 売上高経常利益率）と（エ 総資本回転率）に要素分解して分析すると、その主な要因はA社の（エ 総資本回転率）がB社より（イ 低）いことにあると考えられる。

【問12】

㈠ 正しい。

㈡ 株価純資産倍率＝$\dfrac{1株当たり株価}{1株当たり純資産額}$

A社の株価純資産倍率＝$\dfrac{84}{75}$＝1.1倍

B社の1株当たり純資産額＝$\dfrac{純資産}{発行済株式数}$＝$\dfrac{620}{10}$＝62

B社の株価純資産倍率＝$\dfrac{93}{62}$＝1.5倍

株価純資産倍率はB社の方が高い。よって誤り。

【問13】

㈠ 正しい。

㈡ A社の1株当たり当期純利益＝$\dfrac{当期純利益}{発行済株式数}$＝$\dfrac{140}{20}$＝7

A社の株価収益率＝$\dfrac{1株当たり株価}{1株当たり当期純利益}$＝$\dfrac{84}{7}$＝12倍

よって誤り。

【問14】

(ア)　時価総額は貸借対照表上で計算されている純資産の金額ではなく、株式市場に
　　おいて投資家が値付けしている株価による企業評価額である。よって誤り。

(イ)　時価総額 = 1 株当たり株価 × 発行済株式数

A社の時価総額 = $84 \times 20 = 1{,}680$

B社の時価総額 = $93 \times 10 = 930$

時価総額はA社の方が高い。よって正しい。

【著者紹介】

【編集・執筆】

古田　清和　公認会計士、税理士

中安富紀子　公認会計士、税理士

【執筆】（五十音順）

伊庭壮太郎　公認会計士

喜多　弘美　公認会計士、税理士

中前祐希子　公認会計士

松田　雄祐　公認会計士、税理士

森本　泰輔　公認会計士

米田　隆将　公認会計士

［ビジネスアカウンティング研究会］

ビジネスアカウンティング研究会とは、関西にゆかりのある、公認会計士等の職業専門家が、所属や世代をこえ、ビジネスや実務の研鑽を行っている勉強会である。
メンバーは約30名で、今回このうちの有志が執筆を行っている。

〈主要編著書〉
『ビジネス会計検定試験対策問題集１級（第2版）』2021年
『ビジネス会計検定試験対策問題集２級（第5版）』2019年
『社会福祉法人の運営と財務（第2版）』2017年
『経営者・財務経理担当者のための監査入門』2011年
『日商簿記1級 徹底対策ドリル［商業簿記・会計学編］』2010年
『日商簿記1級 徹底対策ドリル［工業簿記・原価計算編］』2010年
『テキスト連結会計入門』2010年
（いずれも同文舘出版より刊行）
『20歳になったら知っておきたい会計のはなし』TAC出版、2012年
『基礎からわかる管理会計の実務』商事法務、2009年

2008年6月25日	初 版 発 行	
2009年6月25日	第 2 版 発 行	
2012年7月10日	第 2 版 2 刷発行	
2016年2月20日	第 3 版 発 行	
2019年3月20日	第 3 版 4 刷発行	
2020年1月10日	第 4 版 発 行	
2023年3月30日	第 4 版 4 刷発行	
2023年8月30日	第 5 版 発 行	略称：会計検定3級（5）

ビジネス会計検定試験®対策問題集〈3級〉
（第5版）

編　者　©　ビジネスアカウンティング研究会

発行者　　中　島　豊　彦

発行所　同文舘出版株式会社
東京都千代田区神田神保町1-41〒101-0051
電話 営業(03)3294-1801編集(03)3294-1803
https://www.dobunkan.co.jp

Printed in Japan 2023
製版：一企画
印刷・製本：三美印刷

ISBN978-4-495-19225-9